सामाजिक क्रांति के शिल्पी

सामाजिक क्रांति के शिल्पी

जगराम सिंह

KALPAZ

सामाजिक क्रांति के शिल्पी

ISBN : 978-93-86397-83-6

भारत में सन् 2019 में प्रकाशित
कल्पाज पब्लिकेशन
सी-30, सत्यवती नगर,
दिल्ली-110052
Phone : 9212142040
ई-मेल : kalpaz@hotmail.com

मुद्रित: जी. प्रिंट प्रोसेस, दिल्ली

अनुक्रमणिका

कलर फोटोग्राफ

ब्लैक एण्ड वाईट फोटोग्राफ

आभार

भारतीय विकासयात्रा काल्पनिक, अवैज्ञानिक और अंधविश्वास की शिला पर आधारित नहीं है बल्कि यह धार्मिक, सांस्कृतिक, सामाजिक राजनीतिक, वैज्ञानिक आदि सभी दृष्टिकोणों से पूर्ण कसौटी पर कसकर विशुद्ध व्यवहारिक शिला पर प्रमाणित है।

आज जितना व्यवहारिकता पर आधुनिक विज्ञान जोर दे रहा है उससे कम भारतीय वैज्ञानिकों ने जोर नहीं दिया था। सभी सर्वमान्य तथ्यों को धार्मिक रूप में समाज के सम्मुख रखने का प्रयास किया था क्योंकि धार्मिकता के कारण ही उस सात्विक तथ्य की आयु निर्विवाद दीर्घ होने की संभावना बढ़ जाती थी। उसी दीर्घायु की कामना के लोभवश ही उसे धार्मिक पक्ष के रूप में रखने का प्रयास किया था! यही एकमात्र कारण जो वह सत्य वर्तमान परिदृश्य में अंधविश्वास, मात्र धारणा का कारण बना, जबकि वास्तविकता में सत्य, सत्य ही होता है उसमें लेशमात्र भी संभ्रम की संभावना नहीं होती है।

यही सत्य जो आज वैज्ञानिक परिदृश्य में झूठा होने के कगार पर आकर खड़ा हो गया है ऐसा प्रतीत हो रहा है। उसे पुनः आज की वैज्ञानिक कसौटी पर कसकर दूध का दूध, पानी का पानी, नीर–क्षीर विवेक के द्वारा समाज के सामने प्रस्तुत करने की सर्वाधिक आवश्यकता अनुभव की जा रही है, परिणामतः आज उसी अनुभवरूपी सर्वमान्य सत्य को कतिपय शक्तियां पुरजोर शक्तिबल से झूठा सिद्ध करने की चेष्टा में लगी हैं। इसी अंतःकरण की वेदना ने भारत की प्राचीनता को

सिद्ध करने के लिए अनुष्ठान का शुभारंभ करने का संकल्प जगाया कि समय रहते यदि सत्य की अग्नि परीक्षा से रक्षा नहीं हुई तो सत्य धरती से सदा के लिए समाप्त हो जाएगा और मानवता का उद्धार, धर्म की स्थापना, वसुधा का कल्याण, सृष्टि का संरक्षण आदि सभी उद्‌घोष स्वप्नवत होकर पानी के बुलबुले की तरह सदा के लिए विलीन हो जाएंगे। फिर सत्य मार्ग का अनुगमन एक खण्डहर के रूप में बदल जाएगा। सर्वत्र प्रकाश की जगह अंधकार का बोलबाला हो जाएगा। ज्ञान की जगह अज्ञानता की पताका फहराएगी। ऋषियों मुनियों की साधना व्यर्थ हो जाएगी, उनकी समाधियां चीत्कार कर उठेंगी, निरा शून्य में क्षितिज भटक जाएगा। असंतुलन के कारण असमय महाप्रलय द्वार पर आकर विजित अट्‌टहास करेगी। कालकवलित संभावनाएं निष्प्राण होकर पतझड़ के सूखे पत्तों की तरह झड़कर बिखर जाएंगी और सदा के लिए मृत्यु की गोद में सो जाएंगी। ऐसे महाविनाशक दृश्य की कल्पना मात्र से रोम–रोम तक कांप उठता है, सच्चाई का सामना तो कैसे होगा? यह सोच–सोच कर जी घबराने लगता है।

इसी सत्य को राष्ट्रीय, सामाजिक, वैज्ञानिक परिप्रेक्ष्य में संवारकर समाज के सामने रखने के उद्देश्य से यह प्रयत्न किया है, जिससे श्रेष्ठ ऋषियों–मुनियों की अनथक साधना फलीभूत होकर दिगदिगन्त को पुनरावलोकित करने के पूर्व प्रयासों की कसौटी पर खरी उतरेगी और सत्य से भटके पथिकों को सन्मार्ग पर लाने में सहायक की भूमिका निभा सकेगी। इसी साधना पर सुधी पाठक अपनी ज्ञान पिपासु उत्कंठा की पूर्ति मान कर स्वयं की मुक्ति पाने का मनोरथ पूर्ण कर सकेंगे।

इस यज्ञ में जाने–अनजाने, सहयोगियों, सहकारियों, मित्रों, बन्धु–भगनियों के मार्गदर्शन रूप में जिन तथ्यों का सान्निध्य प्राप्त हुआ है, हृदय से उन सभी का आजीवन कृतज्ञ रहूँगा और इसी कृतज्ञतावश भविष्य में भी मार्गदर्शन को आतुर रहूँगा। साथ ही आतुरता की सुदूर लम्बी कतार में खड़े क्लान्त साथी को अब

अल्पशांति का अभयाशीष रूपी वरदहस्त की शीश पर मात्र अपेक्षा अनुभव हो रही है।

यह पुस्तक मेरे विगत वर्षों में प्राप्त अनुभवों पर आधारित है इसको पूर्णरूप देने में जिन वरिष्ठजनों, सहयोगियों, मित्रों आदि ने जो अपना अप्रतिम तन, मन, धनपूर्वक सहयोग दिया है उनका मैं हृदय से, विनीत भाव से आभार व्यक्त करता हूँ और मैं राष्ट्रीय स्वयंसेवक संघ के उन अधिकारियों के प्रति भी अपनी कृतज्ञता ज्ञापित करता हूँ जिनके विचारों से मेरा जीवन विकसित हुआ है जिससे मैं भारतीय संस्कृति का युगानुरूप चित्रण कर सकने में समर्थ हो सका हूँ। इसके साथ ही प्रकाशन के महाप्रबंधक श्री बी. पी. गर्ग जी ने इसे छापने योग्य समझकर अपने सहयोगियों के सहयोग से सुधी अध्येयताओं, पाठकों के सम्मुख प्रस्तुत करने का जो बीड़ा उठाया, उनका एवं उनके सहयोगियों का भी मैं हृदय की अनंत गहराईयों से आभार व्यक्त करता हूँ।

जगराम सिंह

आमुख

भारतीय समाज एवं संस्कृति विश्व की प्राचीनतम प्रक्रिया का हिस्सा है, जब हम सामाजिक विकास के चरणों पर दृष्टिपात करते हैं तो ध्यान में आता है कि संस्कृति के संवाहक ऋषिगणों ने समाज का ताना–बाना कुछ इस प्रकार से बुना कि उसमें सब कुछ समाविष्ट हो गया, ठीक उसी प्रकार से जिस प्रकार से कोई बुनकर अपनी चादर में प्रकृति का चित्रण करते हुये सभी आयामों को सम्मिलित कर लेता है। संस्कृति पर आधारित समाज व्यवस्था के निरूपण में भी ऋषियों ने इस विषय का ध्यान रखा। वेद कहता है कि सृष्टि के आदि में सर्वत्र जल ही था तो ऋषियों ने जल की रानी मछली को सृष्टि के आदि देव के रूप में न केवल निरूपित किया बल्कि समाज के विस्तार में उसकी भूमिका भी सुनिश्चित की। जल के थोड़ा कम होने पर समाज के उद्धार के लिए कूर्मावतार और फिर जल के दल–दलीय स्वरूप के समय वराह अवतार की संकल्पना। बाद में पशु एवं मनुष्यों के समन्वय के रूप में नरसिंहावतार और जल के पूर्णरूपेण व्यवस्थित होने पर वामनावतार और फिर सृष्टि के व्यवस्थित विस्तार तथा अनेकानेक नियामकों की स्थापना के दृष्टिकोण से समाज को सुसंस्कृत करने के लिए परशुराम का अभ्युदय। परशुराम ऐसा अवतार है जो क्षात्र और ब्रह्म दोनों ही तेजों से विभूषित है। इनकी भूमिका से समाज जब सब प्रकार से व्यवस्थित हो गया तो उसकी मर्यादाओं को सुनिश्चित करने के लिए श्रीराम का प्रकटीकरण। इस प्रकार से सृष्टि का प्रारम्भ सतयुग से लेकर त्रेता और द्वापर तक समाज को संस्कृति

के आधार पर ऋषियों द्वारा समाज को शिक्षित करने के उपक्रम किये गये। लम्बे समय से किये जाते रहे उपक्रमों में जो भेद उत्पन्न हुए, उन भेदों को योगेश्वर श्रीकृष्ण ने द्वापर में अपनी लीलाओं के द्वारा निर्देशित किया। जिस प्रकार से लम्बी यात्रा में अनेकानेक विघ्न उत्पन्न होते हैं और कई बार उन्ही विघ्नों से ग्रस्त होकर यात्रा की गति शिथिल हो जाती है, उसी प्रकार से सबसे लम्बी समाज व्यवस्था होने के कारण भारतीय समाज में भी विसंगतियों ने जन्म लिया। उन्ही विसंगतियों को दूर करने के लिए नवम् अवतार के रूप में करूणावतार बुद्ध का प्रादुर्भाव हुआ। इस प्रकार से मत्स्यावतार से बौद्धावतार की यात्रा भारतीय विकास के विभिन्न सोपानों का उल्लेख करती है और यह उल्लेख भारत के ऋषियों ने पुराणों के माध्यम से बहुत ही व्यवस्थित रूप से किया है। करूणावतार बुद्ध के उपदेशों का भी जब प्रभाव–विस्तार को प्राप्त हुआ तो उसका आभा–मण्डल थोड़ा सा धूमिल हुआ। उस आभा को देदीप्यमान करने के लिए संस्कृति दूत के रूप में जगद्गुरु शंकराचार्य ने जन्म लिया, समाज में संस्कृति के संपोषण के लिए, राजा की भूमिका को और सुदृढ़ करने के लिए आचार्य चाणक्य ने अपने कालजयी ग्रंथ अर्थशास्त्र के द्वारा लोक का मार्गदर्शन किया। लेकिन कालान्तर में आचार्य चाणक्य के भी उपदेशों को जब लोक ने विस्मृत करना शुरू कर दिया और उसके फलस्वरूप समाज की जिजीविषा दुर्बल हो गयी तो उसमें संजीवनी शक्ति का संचार करने के लिए १९वीं सदी में डॉ. केशव बलिराम हेडगेवार ने जन्म लेकर बीसवीं सदी के प्रारम्भ में राष्ट्रीय स्वयंसेवक संघ की स्थापना की और जब सब कुछ पूर्णरूपेण संतृप्त हो जायेगा तो फिर पुनः कल्कि के रूप में परमब्रह्म परमात्मा प्रकट होंगे और ''प्राणि नामार्तनाशनम्'' की परम्परा को प्रतिष्ठापित करेंगे। वस्तुतः यही सब कुछ इस लघु पुस्तक में सहेजने का प्रयास किया गया है।

इस पुस्तक के माध्यम से लेखक ने जो भारतीय विकासयात्रा एवं सृष्टि के क्रमिक विकास की संकल्पना के अत्यंत गूढ़ रहस्य को बड़े

ही वैज्ञानिक, व्यवहारिक, सरल एवं सहज भावों व शब्दों द्वारा जो चित्रित करने का प्रयास किया है वह अत्यन्त सराहनीय एवं प्रशंसनीय यज्ञ है। यह विचार प्रवाह आने वाली नयी पीढ़ी के लिए पूर्ण दिशा बोध, रहस्य बोध, ज्ञान बोध, एवं परिपूर्ण मार्गदर्शिका के रूप में सदा ही मार्ग प्रशस्त करेगा और घोर अंधकार में टिम–टिमाते दीप सा विश्वास प्रदान करेगा।

चन्द्र किशोर शर्मा
वरिष्ठ पत्रकार व साहित्कार
लखनऊ, उत्तर प्रदेश

प्रस्तावना

भारतीय संस्कृति के मूल में सनातन विद्या की परंपरा है। हमारे धार्मिक आख्यान, कलाएँ तथा ज्ञान विज्ञान एक सनातन प्रतिमान के अनुरूप थे। इन सनातन प्रतिमानों का ज्ञान ही तत्वज्ञान था और वही समाज तथा संस्कृति का आधार था। इन्हीं सनातन प्रतिमानों को प्रथम धर्म या ''प्रथमा धर्माणि'' माना जा सकता है। वैदिक ऋत् इसका उदाहरण है।

हमारे वैदिक तथा पौराणिक आख्यानों में जिन अवतारों का वर्णन है वे इन्हीं सनातन प्रतिमानों को युग के अनुसार स्पष्ट करते हैं। ये सभी अवतार शाश्वत धर्म (अहिंसा तथा सत्य) को युग धर्म से सामंजस्य करते हुए जीवन जीने की कला दर्शाते हैं। ये स्वयं अपने जीवन से इसको सिद्ध करते हैं। अतः आध्यात्मिक गुरू के रूप में भी कार्य करते हैं।

लेखक ने मत्स्य, कूर्म, वराह, नृसिंह, वामन, परशुराम, दाशरथी राम, कृष्ण, बुद्ध को लिया है, तथा इसके अतिरिक्त ऐतिहासिक विभूतियों को भी लिया है जिनके कार्य सनातन प्रतिमान (Eternal Archetypes) बन कर प्रत्येक युग में दिशा दिखलाते हैं। ऐसे सामाजिक क्रांति के शिल्पियों में उन्होंने आदि शंकराचार्य, कौटिल्य, केशव बलिराम हेडगेवार को लिया है। लेखक ने ऐतिहासिक स्रोतों के स्थान पर एक सर्जनात्मक कल्पना के माध्यम से भारतीय संस्कृति के महत्वपूर्ण मूल्यों को अत्यंत सरल ढंग से प्रस्तुत किया है।

भारतीय संस्कृति में धार्मिक आख्यान सनातन ज्ञान को एक कल्पना का आवरण देता है। यद्यपि इस कल्पना की एक स्वप्न की भांति संरचना होती है, उसका सनातन ज्ञान की परम्परा से संबंध उसको अर्थ तथा माने देता है।

प्राचीन साहित्य में आदर्श सत्य का गूढ़ अर्थ यदा–कदा स्वप्निल आवरण में तिरोहित रहता था जैसे:– मत्स्यावतार तथा कूर्मावतार के आख्यान। परन्तु लेखक ने इनको समसामयिक व्यवहारिक बुद्धि से भी व्याख्यायित करने का प्रयत्न किया है।

प्रसिद्ध दार्शनिक कासिरेर के अनुसार किसी देश के धार्मिक आख्यान उस देशवासियों के सांस्कृतिक भविष्य को दर्शाते हैं। अतः यह उन लोगों की सांस्कृतिक चेतना की अभिव्यक्ति करते हैं। लेखक नें भारतवर्ष की यह सांस्कृतिक चेतना आदिकाल से आधुनिक काल तक बड़े पटल पर आरेखित की है।

मत्स्य की प्रतीकात्मकता एक यह थी कि जब भी समाज में सांस्कृतिक विप्लव आते हैं उस समय मनुष्य को भविष्य के लिये ही सही, संस्कृति के बीजों को सुरक्षित रखना चाहिये। इससे भविष्य में उचित समय आने पर वह पुनः पल्लवित होते हैं। इसका प्रारम्भिक रूप **शतपथ ब्राह्मण** में मिलता है। (७.५.१.५) कूर्म का उद्धरण **तैत्तरीय आरण्यक** (१.२.३.३) में आता है। उसकी प्रतीकात्मकता 'पुरूष' से है। जिसका संबंध पुरूष सूक्त से किया जा सकता है। वामन का बीज **ऋग्वेद** में मिलता है। (१.२२.१७) **शतपथ ब्राह्मण** में भी **वामनोहिविष्णुरास** (१/२/५/५) कहा गया है। बाद में पुराणों में राजा बलि की कथा जुड़ जाती है तथा त्रिविक्रम का वर्णन आता है। जो भक्ति मानव के हृदय में, वामन के रूप में अणु रूप में है वही समस्त ब्रम्हांड में व्याप्त त्रिविक्रम विष्णु के रूप में व्याप्त हो जाती है। इसी प्रकार नृसिंह भी **तैत्तरीय आरण्यक** में वर्णित है। परशुराम अत्याचारी शासकों के विरूद्ध थे।

इसी प्रकार राम की प्राचीनता के विषय में संभवतः वैदिक काल के पारिप्लव आख्यान महत्वपूर्ण रहे होंगे। वाल्मीकि रामायण के स्रोत अनेक आख्यान थे। सीता विषयक, हनुमान विषयक आदि जो आपस में जुड़े थे। वे आदर्श अवतार थे जो विष्णु होते हुए भी सामान्य मानव की भांति कार्य करते थे क्योंकि उनको यह दर्शाना था कि सामान्य मनुष्य भी आध्यात्मिक तथा धर्म की राह में चलकर अपना उद्देश्य प्राप्त कर सकता है।

कृष्ण अपने समय के युग पुरूष थे। वेदों में विष्णु, गायों तथा गोलोक से संबंधित थे। सच्चाई, याज्ञिक मार्ग तथा रक्षा से संबंधित थे। कृष्ण की अनुभूति विष्णु रूप ही थी। घोर आंगिरस से उन्होंने यह शिक्षा प्राप्त की थी कि समस्त जीवन ही एक यज्ञ है। यही दर्शन कर्मयोग के रूप में श्रीमद्भगवद्गीता में व्याख्यायित किया। संदीपनी आश्रम में भी उनकी शिक्षा मानी जाती है।

यह सत्य है कि कृष्ण प्राचीन काल से लेकर आज तक भी भारतीय संस्कृति के आदर्श प्रतीक हैं। इसीलिये अनेक पुराणों में कृष्ण को अवतार न मानकर स्वयं भगवान विष्णु ही माना है। ''**कृष्ण तु भगवान स्वयम्**''।

बुद्ध यद्यपि श्रमण परम्परा के थे परन्तु उन्होंने छठी शताब्दी ई.पू. में धर्म की एक व्यापक व्याख्या को जन्म दिया तथा धर्म के क्षेत्र में कार्य–कारण चिंतन भाव का प्रादुर्भाव किया। उन्होंने दुःख के कारण तथा निवारण का मार्ग बतलाते हुए निर्वाण का मार्ग दिखाया। इस समय जब समाज अनेक विवादों से ग्रस्त था, भौतिकवाद अज्ञानवाद, स्वभाववाद आदि तब उन्होंने नैतिक–आध्यात्मिक मार्ग दिखलाया। उनका संवृत्ति सत्य तत्कालीन दर्शनों से प्रभावित था, तथा परमार्थ सत्य में उपनिषदों का प्रभाव देखा जा सकता है। परंतु इन दोनों से पृथक एक मौलिक दर्शन उनके द्वारा दिया गया। पुराणों के समय में उनको विष्णु का अवतार भी मान लिया गया।

आदि शंकराचार्य का युग एक ओर तो मीमांसा दर्शन से प्रभावित हो अनेक अनुष्ठानों को प्रश्रय दे रहा था। दूसरी ओर तंत्रादि का प्रभाव था तथा धर्म में कोरी भावनात्मक भक्ति की अतिरंजिता थी। शंकर ने ज्ञान को सर्वोच्च मान कर कर्म तथा भक्ति में संतुलन स्थापित किया। यद्यपि यह भी सत्य है कि उनकी ज्ञान लक्षणा भक्ति, परा भक्ति ही थी।

आजीवन शंकर एक कर्मठ व्यक्ति की भूमिका निभाते रहे। भारत की चारों दिशाओं में चार मठ स्थापित करके हिन्दू धर्म का उन्होंने उद्धार किया। वे गोविंदपाद के शिष्य थे। उनके द्वारा अद्वैत दर्शन एक स्थिर दर्शन के रूप में स्थापित हुआ। इस दर्शन के विरूद्ध शास्त्रार्थ करने के कारण अन्य मतों में भी तर्क की परम्परा का विकास हुआ।

भारत में चार पुरूषार्थों में धर्म, अर्थ, काम एवं मोक्ष हैं। कौटिल्य का नाम प्राचीनकाल से आज तक अर्थ की व्याख्या के संदर्भ में आता है। उनके अर्थशास्त्र नामक ग्रन्थ से न ही केवल प्राचीन काल की अर्थव्यवस्था अपितु आधुनिक काल तक की भारतीय अर्थ नीति व्याख्यायित होती है।

कौटिल्य नें त्रयी, वार्ता, आन्वीक्षिकी तथा दंडनीति इन चारों अनुशासनों के विषय में विस्तार से लिखा है जो आज भी शोध के महत्वपूर्ण विषय हैं।

केशव बलिराम हेडगेवार ने आधुनिक भारत को पुनर्जागरण की ओर अग्रसर किया। हिमालय से लेकर कन्याकुमारी तक भारत एक राष्ट्र है तथा इसकी सांस्कृतिक अस्मिता इसको आज भी अन्य देशों से भिन्न करती है। राष्ट्र को सांस्कृतिक एकता में अभिव्यक्त कर आध्यात्मिक सत्ता मानना चाहिये। ''संगठन और सामर्थ्य'' से यह सफल हो सकता है। वे सिद्धांत, संगठन और आदर्शवाद तीनों के वाहक बने तथा आज भी हमारे प्रेरणास्रोत हैं।

लेखक ने सभी अवतारों एवं दिव्य विभूतियों को "सामाजिक क्रांति के शिल्पी" कहकर उनको सामाजिक संदर्भ में व्याख्यायित करते हुए एक आदर्शवादी तथा राष्ट्रवादी चिंतन से देखा है।

सरल तथा प्रांजल भाषा में लिखी गयी यह पुस्तक सभी के लिये उपयोगी सिद्ध होगी।

शुभकामनाओं सहित।

प्रो. सुस्मिता पांडे
अध्यक्ष
राष्ट्रीय स्मारक प्राधिकरण

भगवान मत्स्य

१

भगवान मत्स्य

मनु हिमालय के पश्चिमी ढालू प्रदेश के रहने वाले थे। कहा जाता है कि हिमाचल प्रदेश के मनाली नामक एक छोटे से ग्राम में उनका आश्रम था। महर्षि मनु की स्मृति में वहां पर आज भी प्रतिवर्ष उत्सव मनाया जाता है। बड़े ही विद्वान एवं तपस्वी होने के नाते समाज में मनु की अत्यधिक प्रतिष्ठा थी। समान जीवधारियों के प्रति उनके हृदय में समान सहानुभूति की भावना होने के नाते समाज में मनु की अत्यधिक

प्रतिष्ठा थी। इसी कारण उन्होंने ''शत्रु से मेरी रक्षा कीजिए कहकर गिड़गिड़ाने वाले'' उक्त जलचर सदृश्य जीव (मच्छ) को अभय दिया था। दक्षिण की ओर अनेक जातियाँ थीं और उनमें आपस में सदैव संघर्ष चला करता था। उस संघर्ष के कारण इतनी दूर उत्तर की ओर आश्रम खोजने का वैसे तो किसी के लिए कोई कारण नहीं था किन्तु संभव है कि अफ्रीका के ईशान्य का प्रदेश समुद्र में विलीन होने पर राक्षस जाति के लोगों ने दक्षिण पठार पर निवास करने वाली छोटी–मोटी जातियों को वहां से भगाते हुए उनके प्रदेश को हड़प लिया हो और उस अवस्था में उनमें से अनेकों को उत्तर में मनु के आश्रम में जाना पड़ा हो। यह तो स्पष्ट ही है कि मनु के आश्रम एवं अभय वचन का अर्थ सम्पूर्ण समाज का आश्रय व सहारा ही था। अतएव इस उत्तरीय समाज द्वारा उनमें से एक व्यक्ति को आश्रय दिये जाने का समाचार अन्य लोगों को ज्ञात होने पर उस जाति के सैकड़ों और सहस्त्रों लोग मनु के आश्रम की ओर दौड़ पड़े। मनु की ओर से आश्रय पाने वाला 'मच्छ' देखते ही देखते अधिकाधिक बड़ा होता गया और अल्पकाल में उसने प्रचण्ड रुप धारण कर लिया।

इस मत्स्य ने अर्थात् मत्स्य जाति के लोगों ने मनु को आगामी संकट (जल प्रलय) की सूचना सात दिवस पूर्व ही दे दी थी, क्योंकि इन मत्स्य लोगों में प्रकृति को समझने का नैसर्गिक ज्ञान था। ज्ञान–विज्ञान सम्पन्न कहलाने वाले मानवों को भूकम्प आदि का अंदाजा पहले से ठीक–ठीक लगता। किन्तु पशु–पक्षियों को तो निसर्ग दत्त प्रेरणा से उस स्थिति की पूर्व ही सूचना हो जाया करती है। मत्स्य जाति के लोगों में यह गुण था। इसीलिए आगामी भूकम्प तथा तज्जनित जल प्रलय की सूचना पूर्व ही मनु को प्राप्त हो सकी और किसी न किसी प्रकार घोर सामूहिक परिश्रम करते हुए, वे अपने प्राणों की रक्षा करने में सफल हो सके। इसी घटना का उल्लेख इतिहास में भगवान मत्स्य के रुप में किया गया है।

मत्स्य लोगों की उत्तर की ओर गई हुई यह विशाल टोली फिर दक्षिण में वापिस गई ही नहीं। वह उसी ओर राजस्थान के पूर्वी भाग में बस गई। परिणाम स्वरुप वह भाग आगे चलकर मत्स्य देश के नाम से पहचाना जाने लगा। यही महाभारत काल में विराट के राज्य के नाम से जाना जाता था। कुछ ही समय पूर्व इस विभाग में समाविष्ट देशी राज्यों का मत्स्य संघ निर्माण होने की बात भी सर्वविदित ही है।

महर्षि मनु उत्तर की ओर रहते थे, किन्तु संभवतः उनका मूल घराना दक्षिणात्य ही होगा। इसी दक्षिणात्य मे सत्यव्रत नामक एक राजा था। वह द्रविणेश्वर था। भगवान मत्स्य का अवतार इसी राजा के लिए हुआ था। मत्स्य द्वारा राजा को दिया हुआ उपदेश ही मत्स्यपुराण में है और वही राजा अगले कल्प में मनु हुआ।

इस प्रकार प्रलय काल के पूर्व से ही यह घराना दक्षिण से उत्तर की ओर जाकर बसा था। इसलिए दक्षिणवालों के संबंध में मनु के हृदय में स्वाभाविकतया एक ही आत्मीयता की भावना निवास करती थी। इधर उत्तरीय निवासियों से भी मनु को सहवास जन्य प्रेम हो गया था और अनुमानतः उनका विश्वास सम्पादन करते हुए उसने एक प्रकार से उनका नेतृत्व ही प्राप्त किया हुआ था। राक्षसों द्वारा घर से निकाले जाने पर निराधार बन मत्स्यों को मनु का स्मरण होना स्वाभाविक ही था और आगे चलकर उन्हीं की सहायता से वह अपने उत्तरीय बन्धुओं के साथ जलप्रलय के घोर संकट से मुक्त हुआ। संकट ग्रस्त लोगों की सहायता करने की वृत्ति को दैवी गुण मानकर एवं इस गुण की अभिव्यक्ति मत्स्यों के संपर्क में होने से यह घटना बाद में भगवान मत्स्य के नाम से प्रसिद्ध हुई।

उक्त प्रसंग पर प्राप्त हुए अनुभव के कारण मनु के अंतःकरण में इस नवीन कल्पना का प्रादुर्भाव हुआ कि जो भी भारतीय हो वह अपना ही है। उन्हें ऐसा प्रतीत होने लगा कि चाहे उत्तरीय हो या दक्षिणात्य,

दोनों की सत्प्रवृत्तियों को प्रोत्साहन देना तथा दुष्प्रवित्तियों को दमन करना ही जीवन की समुचित प्रणाली है। और उसी में एक प्रकार का अनिर्वचनीय सात्विक समाधान है। इस निमित्त से मनु को भारतीय संस्कृति के ध्येय का मानो आभास ही मिल गया। और उसके कारण हमारे इतिहास में एक अभिनव युग अवतीर्ण हुआ। उत्तर कालीन समाज पर तो मनु का कुछ ऐसा गहरा प्रभाव पड़ा कि युग के अर्थ में मनु शब्द का ही प्रयोग किया जाने लगा। कालगणना भी मन्वंतर के मापदण्ड से ही होने लगी। ऐसा महान और दूरदर्शी पुरुष स्वाभाविकतया ही सम्पूर्ण समाज को अत्यधिक आदरणीय प्रतीत होने लगा। उन्होंने मानव धर्म शास्त्र निर्माण किया। मनु की संतति, अर्थात मनु प्रणीत संस्कृति का अनुयायी वह मानव कहा जाने लगा। मनु द्वारा रचित धर्मशास्त्र, हम भारतीयों का सर्वप्रथम राष्ट्रीय दण्ड विधान है।

आगे चलकर उन्होंने अपने बुद्धि कौशल एवं परिश्रम के बल पर अन्य सभी को मात कर दिखाया। यह मानवों में बुद्धि की दृष्टि से श्रेष्ठ और उसी के फलस्वरुप उस सम्पूर्ण समाज का नेतृत्व करने वाला वर्ग था। आर्य अर्थात मनु के अनुयायियों का वर्ग इसीलिए अपनी ओर से प्राप्त होने वाले स्वकर्तव्य विषयक आदेशों का पालन, भिन्न कारणों से अखिल भूतल पर अर्थात समूचे भरतखण्ड में फैलते जाने वाले मानवों को करना चाहिए। ऐसी स्वाभिमान मूलक पद्धति मनु ने प्रारंभ की और विविध जातियों से मुक्त भारत को एक सूत्र, एक रस एवं सर्वत्र परिपूर्ण राष्ट्र स्वरुप प्रदान किया।

इस कर्तव्य प्रवाह का जहां से सर्वप्रथम उद्‌गम हुआ जिसनें हमें अर्थात मानवों को आर्य अर्थात श्रेष्ठ बनाया वह महापुरुष मनु ही हैं। ऐसी भावना से प्रेरित होकर ही उत्तर कालीन लोगों ने मनु को भगवान की उपाधि से विभूषित किया होगा। और तभी से मनुस्मृति को धर्मशास्त्र *"सनातन मानव धर्मसूत्र"* आदि नामों से संबोधित करने की प्रथा पड़ी होगी।

मत्स्यों और राक्षसों के बीच जो शत्रुता निर्माण हुई थी वह आगे सुदीर्घ काल तक अर्थात भगवान श्री राम काल तक चलती रही। उस समय उन्हें वानर नाम प्राप्त हुआ था। उनके प्रमुख नेता हनुमान ने राक्षसों के उपद्रव का स्थाई प्रबंध करने की दृष्टि से अपनी जाति का प्रबल संगठन निर्माण किया। उसी संगठन की सहायता से श्री राम, रावण को मारने में सफल हो सके। यह संगठन हनुमान के नाम से ही प्रसिद्ध हुआ। इस संगठन ने अपने जीवन के प्रारंभिक काल में ही अपने सौरमण्डल नामक पुराने निवास स्थान को राक्षसों के पंजों से छुड़ाने का एक साहसी प्रयत्न किया। हनुमान ने अपने जन्म होते ही सूर्य मण्डल पर झपट्टा लगाया। यह सूर्य मण्डल वास्तव में सौर मण्डल ही है। यह प्रदेश दक्षिण भारत के पूर्व में किनारे की पट्टी है। जिसे आजकल कोरोमण्डल किनारा कहकर पुकारा जाता है। किन्तु उसका प्राचीन नाम चौल मण्डल ही है। यह संज्ञा सौर मण्डल का अप्रभ्रंश होकर ही बनी है।

इस प्रकार मत्स्यों का नाम परिवर्तन होने पर भी उनका जल संचार कौशल तथा परोपकार भावना का गुण नष्ट नहीं हुआ था। उनके प्रमुख नेता हनुमान लंका में नौका द्वारा ही गए थे। नौका के लंगर के लिए संस्कृत में लांगल शब्द है। आगे चलकर लांगल का लांगुल हो गया और हनुमान के साथ तथा पर्याय से समस्त वानर जाति के साथ उसका संबंध भी जोड़ दिया गया।

प्राचीन काल के मत्स्य तथा रामायण काल के वानर एक ही थे क्योंकि सभी की निवास भूमि भी वही है। और दूसरे परोपकार, चपलता, सहनशीलता, जल संचार, कौशल आदि उनके गुण भी वंश परंपरा से चले आते हुए दिखाई देते हैं। यह आज तो कल्पना सदृश ही है लेकिन विश्वसनीयता ऐतिहासिक अनुमान से आगे चलकर अवश्य सिद्ध हो सकेगी।

भगवान कूर्म

२

भगवान कूर्म

मानव का हृदय भी तो किसी महासागर के समान ही विशाल अथाह एवं विविध सुष्ट–दुष्ट अथवा सम्मिश्र भावनाओं से ओतप्रोत होता है। इन भावनाओं का विवेक बुद्धि से मंथन किए जाने पर, समाज रचना की दृष्टि से उपयुक्त तथा समाज को स्थैर्य प्रदान करने वाला समष्टि जीवन एवं पारस्परिक सहकार्य का कर्त्तव्य परिपालन रुप

सिद्धांत प्राप्त होता है जो कि मर्त्य मानव को मत्स्य न्यायजन्य विनाश से बचाने वाला तथा कीर्ति रुप में उसे अमर करने वाला है।

उस काल में दक्षिण पठार पर अनेक जातियाँ निवास करती थीं। उनमें आपस में वैसा कोई विशेष स्नेह–संबंध नहीं था। यही नहीं, उनमें सदैव ही पारस्परिक संघर्ष चलता रहता था। फिर भी सांस्कृतिक दृष्टि से उन सभी का दर्जा समान ही था। उत्तर की ओर इन लोगों की अपेक्षा कुछ अधिक सुसभ्य लोगों की बस्ती थी। उनमें भी देव, यक्ष, गंधर्व, विद्याधर, पिशाच, भूत, मानव आदि अनेक प्रकार थे किन्तु सांस्कृतिक योग्यता उन सबकी समान ही थी। भूगर्भ के उथल–पुथल के परिणामस्वरुप जब दक्षिण और उत्तर को विभक्त करने वाला सागर बीच से हट गया तब भिन्न सांस्कृतिक धरातल के दो मानव समूह एक ही महादेश के निवासी बने। प्रकृति ने अपनी अपार लीला से उनको एक–दूसरे का भाई बना दिया। सांस्कृतिक दृष्टि से भिन्न धरातल पर रहने वाले भिन्न मानव वंश, भौगोलिक दृष्टि से एक ही देश के वासी बन गए। किन्तु ज्यों–ज्यों उनके पारस्परिक संबंध बढ़ने लगे उन्हें अपनी–अपनी विशेषताओं एवं उस दृष्टि से पारस्परिक भेदों का भी ज्ञान होने लगा। ऐसे प्रसंग पर यदि प्रत्येक व्यक्ति अपने ही गुणों का बड़प्पन दिखाना प्रारंभ करे तो अपने–अपने स्थान पर सभी अच्छे होते हैं। इस सत्य का विस्मरण होकर विग्रह उत्पन्न होता है। फिर उसका फल सभी को भुगतना पड़ता है। संभवतः इसी प्रकार का अन्तर्विग्रह तत्कालीन भारतीयों में उत्पन्न हुआ होगा किन्तु इस विग्रह को दूर करके समाज के सभी घटक मिल कर रहें, ऐसी इच्छा रखने वाले व्यक्ति भी दोनों पक्षों में पर्याप्त संख्या में थे। भौगोलिक परिस्थिति भी उस संबंध में सर्वतोन्मुख अनुकूल ही थी। देश बहुत ही विस्तीर्ण था और उसमें सुख–समृद्धि के सभी साधन उपलब्ध थे। वन्य पशुओं से लड़–झगड़ कर जंगलों को साफ करते हुए अपनी वृद्धिगत होती हुई जनसंख्या के लिए सुरक्षितता एवं सुख–शांति प्राप्त कर लेने का ही तो काम उन्हें करना था। अतएव इस दृष्टि से विचार–विनिमय करने

हेतु दोनों ही समाजों के नेतागण और कुछ विचारशील व्यक्ति एक स्थान पर एकत्र हुए और सभी ने खुले दिल से जो कुछ भी चर्चा की, उनका वही हृदय–मंथन पौराणिक परिभाषाओं में देवासुरों द्वारा किया गया समुद्र–मंथन है।

यह विचार विनिमय सामंजस्य एवं शांत–रीति से हो और वहां पर तर्क–वितर्क, दलगत स्वार्थ या कलह वृत्ति का प्राबल्य न हो सके इसलिए किसी पंच अथवा अध्यक्ष के नियुक्त किए जाने की भी आवश्यकता प्रतीत हुई क्योंकि चर्चा के आरंभ में केवल वितण्डवाद का ही प्राबल्य दिखाई दिया और उक्त उद्देश्य को भुलाकर उन लोगों ने एक दूसरे के दोष–दर्शन और छींटाकशी भी प्रारंभ कर दी थी। उससे लाभ होने की तनिक भी संभावना दिखाई नहीं दे रही थी। इसी अवस्था में पर्वत मंदराचल अपने भार से नीचे को धंसने लगा और समुद्र मंथन के कार्य में विघ्न उत्पन्न हुआ। उस प्रसंग पर जिस महापुरुष को सर्वसम्मति से पंच या अध्यक्ष नियुक्त किया गया था वही भगवान कूर्म है। वह कछुए के सभी गुणों से युक्त था अर्थात वह बुद्धि का बहुत ही धीमा किन्तु साथ ही अत्यधिक आशावादी एवं अध्यवसायी पुरुष था और परिस्थिति को देखकर व्यवहार करने की कला से वह भली–भांति अवगत था।

इस अध्यक्ष ने अपना काम दृढ़ता या निष्पक्ष भाव से सोलह आने सफल सम्पन्न कर दिखाया। जिसके परिणामस्वरुप समाज के मानस सागर के मंथन से अमृत की प्राप्ति हुई। सर्वहित समन्वय, परस्पर पूरकत्व और सहकार्य का संकल्प ही वह अमृत है किन्तु इसके पूर्व और भी कुछ भली–बुरी बातें उस चर्चा में प्रकट हुई थीं। सर्वप्रथम एक दूसरे के केवल दोष ही दोष देखने की प्रवृत्ति का साम्राज्य फैला। उसने वातावरण को बड़ा ही विषाक्त बना डाला। इसी को हलाहल कहा गया है। इसे नेताओं ने उत्पन्न किया था। उस समय नेताओं के अतिरिक्त वहां पर उपस्थित शेष लोगों ने आप सभी श्रेष्ठ पुरुष हैं दोष तो वास्तव में हमारा ही है जैसे शब्दों से विनय की भूमिका

स्वीकार करके उस हलाहल को शांत किया। इसके बाद ''जो भी कुछ अपना हो वही सब अच्छा है,'' का आभास उत्पन्न करने वाली तथा आत्मनिरीक्षण से परागत करने वाली स्वाभिमान रुपी सुरा प्रकट हुई जिन्होंने उसे स्वीकार किया वे सुर और जिन्होंने नहीं किया वे असुर ठहराये जाने का वर्णन पुराणों में कहीं–कहीं मिलता है। देवों के ह्रदयों में स्वाभिमान था क्योंकि अन्य लोगों की तुलना में उनकी संस्कृति कहीं अधिक अभिमानस्पद है ऐसी उनकी धारणा थी। दूसरे पक्ष के लोग ऐसा नहीं समझते थे। इसीलिए देवों ने सुरा को स्वीकार किया और असुरों ने नहीं, ऐसा प्रारंभ में विचित्र सा प्रतीत होने वाला तथा भ्रम में डालने वाला वर्णन प्रसिद्ध हुआ।

एक बार इस चर्चा के बीच एकाएक ही घोर निराशा उत्पन्न हुई। यदि हम लोगों की पटती नहीं तो फिर घनघोर युद्ध के द्वारा ही क्यों न निर्णय किया जाये या तो हम ही जीवित रहेंगे या वे। ऐसी अवदशा (दुर्बुद्धि) उस समय उन सभी के ह्रदयों में जाग्रत हो उठी थी। उसी प्रकार अस्थाई समझौता किये जाने पर उससे प्राप्त होने वाले क्षुद्र सुखों के चित्र भी कभी–कभी उनकी आंखों के सन्मुख चित्रित हो उठते थे और येन–केन प्रकार से उस संघर्ष का अंत करने का मोह भी उन्हें होता। किन्तु इन सभी प्रसंगों पर अध्यक्ष महोदय ने अपनी भूमिका बड़े ही अच्छे प्रकार से निभाई। अंत में दीर्घ काल के उपरांत उनके प्रयत्नों को सफलता मिली और एक सुस्थिर आधार पर समाज रचना करने में सहायक सिद्ध होने वाले समाविष्ट जीवन का दिव्य तत्व उन सभी को दिखायी दिया। किन्तु उस महनीय तत्व का साक्षात्कार होने पर शेष सभी बातें भुला दी गईं और उनमें से हर एक व्यक्ति अमृत तत्व को हथियाने हेतु उछल–कूद करता हुआ दिखाई देने लगा। समाज एक पुरुष है और हम हैं उसके विभिन्न अवयव। समाज के कल्याण में ही हम सभी का कल्याण निहित है। यह बात भली–भांति ध्यान में आने पर उस तत्व के अनुसार आचरण करने की उनमें होड़ सी लग गई। इस प्रकार जिस व्यक्ति के बुद्धि कौशल्य एवं

मार्गदर्शन के द्वारा यह घटना घटित हो सकी और जिसने स्वसंस्कृति को अकालमृत्यु के घोर संकट से उबार कर उसे अमृत तत्व का पुजारी बनाया, उस महाभाग के प्रति यदि सभी के अंतःकरणों में राष्ट्र भाव का उदय हुआ हो और इसकी गणना ईश्वर के अवतारों में की जाने लगी हो तो उसमें आश्चर्य की बात ही क्या है?

समुद्र मंथन के द्वारा काम धेनु (कृषि योग्य भूमि) उच्चैश्रवा, ऐरावत् कौस्तुभ, औषध्धि पति चन्द्रमा, लक्ष्मी, अप्सरा, पारिजात वृक्ष आदि वस्तुएं उपलब्ध हुई थीं। वास्तव में देखा जाये तो देश की स्थावर–व–जंगम संपत्ति का आंकलन कर उसे दोनों ही दलों में परस्पर सम्मति से वितरित करने और चाहे अस्थाई ही क्यों न हो किन्तु इस रीति से समझदारी के साथ झगड़ा निपटाने के प्रयत्न का एक रुपात्मक वर्णन है। उसी प्रकार सर्वहित समन्वय के इस तत्व के प्रकट होने पर मन्द बुद्धि राक्षस उसे आपस में भी आचरण में न ला सके। अपनी व्यक्तिगत स्वार्थी एवं भोगमय प्रवृत्ति को संयम में रखने का कार्य उनसे हो नहीं सका। किन्तु इसके विपरीत देवों ने अपने व्यक्तिगत स्वार्थों को सीमित कर "जितने देव हैं वे सब एक हैं," की धारणा के साथ व्यवहार करना प्रारंभ किया। इसीलिए ऐसा प्रसिद्ध हुआ कि अमृत का प्राशन केवल देव ही कर सके और वे अमर हो गए। जबकि राक्षसों के पल्ले उसका कुछ भी अंश न पड़ा।

इस प्रकार राक्षसों की अधिकांश जातियाँ बुद्धि की दृष्टि से पिछड़ी हुई अवश्य थीं किन्तु राहु और केतु इसके लिए अपवाद थे। उन्होंने परस्पर पूरकत्व एवं सहकार्य के महत्त्व को पहचाना और आपस में एकात्मता स्थाप्ति कर दक्षिण में अपना अधिकार जमाने का प्रयत्न किया। किन्तु सौरमण्डल (कोरोमंडल) और चन्द्रमंडल (मत्वा) के लोगों की सहायता एवं भेदनीति का आश्रय लेकर देवों ने उस प्रयत्न को असफल सिद्ध कर दिया। फिर भी उस प्रदेश पर उन जातियों के नामधारी स्वामित्व को तो मान्यता देनी ही पड़ी।

इस प्रकार अपनी मंद बुद्धि के कारण उक्त प्रसंग पर देवताओं के साथ लगी हुई होड़ में पिछड़ जाने की कमी को राक्षसों ने शुक्राचार्य को अपना गुरू बनाकर शीघ्र ही पूरा कर दिया। यह शुक्राचार्य उत्तरीय लोगों में से ही एक व्यक्ति थे। वे ब्राह्मण थे। यह बात भी पुराणों में प्रसिद्ध है। अत्यन्त बुद्धिमान् एवं राजनीति विशारद होने के कारण तत्कालीन सम्पूर्ण परिस्थिति का सूक्ष्म निरीक्षण तथा अध्ययन करते हुए उन्होंने राक्षसों को उपदेश दिया कि प्रकृति के प्रकोप से यद्यपि आज तुम्हारी भूमि नष्ट हो चुकी है और तुम्हारे बंधु–बान्धव तुमसे बिछुड़ चुके हैं फिर भी तुम्हें प्राप्त यह नूतन भूमि भी पर्याप्त विस्तीर्ण है तथा साथ ही तुम्हारा भूतकालीन पराक्रम भी कोई सामान्य नहीं। अतः यदि तुम सब लोग एक होकर प्रयत्न प्रारंभ करो तो तुम निश्चित ही भूतकाल से भी कहीं अधिक उज्ज्वल एवं वैभवसंपन्न भविष्य काल का निर्माण कर सकते हो। इसी आशा एवं आत्मविश्वास को आगे चलकर संजीवनी विद्या कहा जाने लगा होगा।

जिस मंदराचल का समुद्र मंथन की कथा में उल्लेख किया गया है वह मंदर नामक पर्वत बिहार प्रांत के भागलपुर के समीप आज भी स्थित है। इसी पर्वत के आस–पास ही कहीं यह महत्वपूर्ण परिषद हुई होगी। हमारे इस तर्क को और पुष्ट करने वाली एक और भी बात है। और वह है कुर्मी नाम की जाति। भगवान कुर्म के नाम से प्रसिद्ध हुआ महापुरुष जिस कुल या जाति में उत्पन्न हुआ होगा उस कुल या जाति के वंशज होने के कारण अथवा उस महापुरुष और उसके प्रकाशित सिद्धांत के निष्ठावान उपासक होने के नाते ही इस जाति को उक्त संज्ञा प्राप्त हुई होगी।

उधर मानव जाति की मनोवृत्तियों का झुकाव पहले से ही देवों के समान था और साथ ही बहुत काल तक उनका नेतृत्व भी देव ही किया करते थे। आगे चलकर तपस्या अर्थात उद्योग एवं प्रयत्नों के बल पर मानवों ने अपनी योग्यता बढ़ाई। गुणों की दृष्टि से उनमें तथा देवों में कोई विशेष अंतर न रहा। देव जाति को रण क्षेत्र में असुरों से

युद्ध करते समय अनेक बार मानवों से सहायता लेनी पड़ती। उपभोग के अनेक साधन भी मानवों की ओर से ही उपलब्ध हुआ करते। फिर भी देव जाति के लोग उन्हें अपनी बराबरी का मानने के लिए प्रस्तुत न होते। अंत में मानवों ने अपने लिए श्रेष्ठत्व सूचक 'आर्य', यह नूतन नाम धारण किया। आर्य शब्द का धात्वर्थ है गतिमान। देवों का वैभव निसर्ग प्राप्त है जबकि हमारा प्रयत्न पूर्वक प्राप्त किया हुआ। हम अपने पुरुषार्थ के बल पर ही प्रगतिमय जीवन व्यतीत कर रहे हैं। इसी प्रकार की भावना उक्त नूतन नाम के मूल में होगी।

भगवान वराह

३

भगवान वराह

भारत के वैभव की कीर्ति धीरे–धीरे भारतीय सीमा के बाहर फैलने लगी तो संभवतया उसी के परिणाम स्वरूप विदेशी टोलियों के आक्रमण यहाँ के लोगों पर होने प्रारंभ हुए। इसी प्रकार के एक सर्वप्रथम बड़े लुटेरे के रुप में हिरण्याक्ष नामक दैत्य का वर्णन पुराणों में किया गया है। संभवतः भारत की सम्पत्ति (हिरण्य) पर आंख (अक्ष) रखने के कारण ही उसे यह नाम प्राप्त हुआ होगा।

हिरण्याक्ष बड़ा ही पराक्रमी तथा क्रूर कर्मा था। अग्नि कांड, रक्तपात तथा लूटमार करना तो मानो उसकी टोली के नित्य सहज स्वाभाविक कार्य ही थे। उसी के परिणामस्वरुप आज जिसे हम पंजाब कहते हैं उस प्रदेश का सैकड़ों मील का समृद्धि पूर्ण क्षेत्र देखते ही देखते उजाड़ हो गया और अब मानो यह सारा का सारा समाज ही नष्ट हो जायेगा ऐसी आशंका तत्कालीन समाज हितैषी लोगों को प्रतीत होने लगी। उस परिस्थिति का वर्णन पृथ्वी के डूबने की कल्पना के साथ पुराण लेखक ने किया हुआ है। समाज के अर्थ में पृथ्वी, भूमि, अथवा देश जैसे शब्दों के प्रयोग को संगठित राष्ट्र भावना की पहली झलक ही कहा जाना चाहिए और वह झलक इस प्रसंग के वर्णन में स्पष्टतया दीख पड़ती है। इस सनय हिरण्याक्ष रुपी घोर संकट का जिसने निवारण किया वह अतुल पराक्रमी महावीर, भगवान वराह के नाम से प्रारंभ हुआ, क्योंकि उसने तात्कालिक अर्थात् भाड़े की सेना तैयार करने की कल्पना का आविष्कार कर उसे सफल सिद्ध कर दिखाया था। किराये के सैनिकों में वराह (सुअर) के सभी गुण रहा करते हैं। वराह के झपट्टे के समान ही वे भी क्षणिक पराक्रम कर दिखाते हैं। किन्तु जिस प्रकार वराह स्वच्छता तथा संयम से अनभिज्ञ रहता है, ठीक उसी प्रकार इन किराये पर लड़ने वाले लोगों को नीति, न्याय अथवा ध्येय निष्ठा की तनिक भी चिंता नहीं होती। वे तो सर्वदा हुकुम के ही बंदे हुआ करते हैं। ध्येय निष्ठा के परिणाम स्वरुप निर्माण होने वाले प्रत्युत्पन्न मतित्व, स्थिरता तथा सहकार्य की भावना से उनका कोई भी सबंध नहीं होता। इस प्रकार के दोषपूर्ण नेतृत्व करते हुए उन्होंने परकीय आक्रमणों का संहार किया।

उसी प्रकार अपनी अद्‌भुत सूझबूझ एवं कार्य कुशलता के बल पर विदेशी आक्रमण की कमर तोड़ने वाले उस अलौकिक महापुरुष का गौरव करने तथा उस घटना की स्मृति को अक्षुण्ण बनाये रखने के निमित्त तदुत्तर कालीन समाज ने सम्पूर्ण देश में ''वराह'' मूर्तियाँ स्थापित कीं। परिणामस्वरूप जिस प्रमुख स्थान पर वराह ने हिरण्याक्ष

से जूझकर उसे मौत के घाट उतारा था, उस स्थान को अथवा उस स्थान पर स्थापित की गई वराह मूर्ति को वैशिष्ट्य दर्शक के रुप में वराह मूलम यह नाम प्राप्त हुआ। वह स्थान कश्मीर में है और उस नाम का अपभ्रंश होते–होते अब बारामूला नामक उसी का विकृत रुप स्थानीय नागरिकों की जिह्वा पर खेल रहा है। पानी में डूबती हुई पृथ्वी के गोलक को अपने दृष्टा के आधार से ऊपर की ओर उठाये रखने वाले भगवान वराह का यह चित्र देखकर प्राचीन काल की वह सम्पूर्ण घटना किसी भी व्यक्ति की आंखों के सम्मुख प्रत्यक्षवत दिखाई दे सकती है।

अंततः प्राचीन काल में सिंध बलूचिस्तान के भाग में वराह नाम की एक राजपूत जाति भी थी। ऐसा बाबर ने भी अपने आत्म–चरित्र में लिखा है। उसी प्रकार उस जाति के विवाह संबंध जैसलमेर राज्य के भाटी घराने से नौवीं शताब्दी तक हुआ करते थे। यह जाति आगे धर्म भ्रष्ट होकर मुसलमान बनी। भगवान वराह के नाम से जो पुरुष पुराणों में प्रसिद्ध हैं, हो सकता है कि उसके वंशज या अनुयायी होने के कारण ही उस जाति को यह नाम प्राप्त हुआ हो।

भगवान नरसिंह

४

भगवान नरसिंह

काल खण्ड के प्रथम दिनों में ही सर्वप्रथम भारतीयों को भारत से बाह्य लोगों की तुलना में अपने पृथक जीवन की स्पष्ट कल्पना उत्पन्न हुई। राष्ट्र भावना का उदय भी पहले–पहल इसी समय हुआ प्रतीत होता है किन्तु उस भावना के उत्कर्ष की दृष्टि से अभी पर्याप्त अभाव था। इस बीच के काल में हिरण्याक्ष के भाई हिरण्यकश्यपु ने भारत पर चढ़ाई करते हुए पहले अपना राज्य स्थापित किया। इसके

फलस्वरुप जैसा कि आज तक कभी हुआ नहीं था, ऐसा एक बिलकुल निराले ढंग के राजा के विरुद्ध प्रजा का संघर्ष प्रांरभ हुआ। किन्तु यह बात स्पष्ट है कि उसके भी मूल में, पर राज्य के स्थान पर स्वराज्य स्थापना की मनोभूमिका न होते हुए केवल अन्यायी एवं अधर्मी राज्य को उलटते हुए न्याय पर आधारित धर्म राज्य को प्रतिस्थापित करने की ही कल्पना थी।

हिरण्यकशिपु इस देश पर राज्य करने वाला पहला विदेशी राजा था। वह वंश से दैत्य था। अपने अनुयायियों के साथ खैबर घाटी के मार्ग से भारत में प्रविष्ट होकर उसने वायव्य सीमा से सटे हुए प्रदेश को जीता और मुलतान में अपनी राजधानी स्थापित की। मुलतान का प्राचीन नाम प्रहलादपुरी तक स्थानीय लोगों में प्रचलित रहा था। मुलतान में प्रहलाद का एक मंदिर भी है।

तपस्या के फलस्वरुप हिरण्यकशिपु को ऐसा वरदान प्राप्त हुआ था कि जो न तो मानव ही हो और न पशु ही ऐसे प्राणी के हाथों, जब न दिन हो न रात्रि ऐसे समय में, और न घर में न बाहर केवल ऐसे स्थान पर, ही उसे मृत्यु प्राप्त हो सकेगी। किसी भी अस्त्र या शस्त्र से वह मारा न जा सकेगा। जैसा कि अंग्रेजों के राज्य में ''सूर्य कभी भी अस्त नहीं होता'' वाला वाक्य उनके साम्राज्य के विस्तार की सुस्पष्ट कल्पना करा देता है। ठीक उसी प्रकार पुराणों में किया उक्त वर्णन हिरण्यकशिपु के राज्य की पक्की व्यवस्था का अनुमान कराने में सहायक सिद्ध होता है और विशेषतः उसने अपने शरीर की रक्षा के निमित्त कितनी दक्षता रखी थी इस बात पर पर्याप्त प्रकाश डालता है। किन्तु उसे इतनी दक्षता क्यों रखनी पड़ी थी। केवल इसीलिए कि वह परकीय दैत्य जाति का था और भारतीय समाज पर शासन करने के हेतु उसने क्रूरता का आश्रय लिया था।

हिरण्यकशिपु दैत्य था। भारत में एक विदेशी सेना के बल पर राज्य स्थापित कर उसने भारतीयों को गुलाम बनाया था। उसके

अत्याचार अपने राज्य को स्थिर रखने के साधन स्वरुप ही थे। दैत्य जाति के लोग बाहर से आये हुए थे इसीलिए संख्या की दृष्टि से मुट्ठी भर थे। जब मुट्ठीभर लोगों को करोड़ों लोगों पर शासन करना होता है तो उसके लिए उन्हें प्रथमतः काफी दिनों तक अन्याय एवं अत्याचारों का ही आश्रय लेना पड़ता है। यह बात इतिहास से स्पष्ट है ही। तत्कालीन भारतीय समाज इतना कापुरुष अथवा दुर्बल नहीं था कि वह विदेशी शासन को चुपचाप स्वीकार कर लेता। इसलिए अत्याचार का आश्रय लेकर प्रजा पर अपनी धाक जमाये बिना अपना शासन स्थिर होना असंभव है। ऐसी यदि हिरण्यकशिपु ने कल्पना की हो तो उसमें आश्चर्य की कोई बात नहीं। हां, विदेशी शासन के नीचे बहुत काल तक रहते हुए गुलामी की आदत पड़ जाने पर यदि विजित लोग ही विदेशियों को शासन कार्य में सहयोग देने लगें तो उस अवस्था में अवश्य अत्याचारों की उतनी आवश्कता नहीं पड़ा करती और उस समय शासनकर्ता शान्ति एवं सुराज्य का दिखावा भी सहज ही कर सकते हैं।

उसी प्रकार जब मुट्ठीभर असभ्य विदेशी लोग तलवार के बल पर कोटि–कोटि सुसभ्य जनता पर शासन करते हैं तब वहां के वातावरण का इन विदेशी शासकों पर शनैः–शनैः प्रभाव पड़े बिना भी नहीं रहता। प्रहलाद पर इसी प्रकार का प्रभाव पड़ा और वह भारतीय आदर्शों की उपासना करने लगा। उसे यहां के लोग बहुत ही भले प्रतीत होने लगे। उनके प्रति उसके मन में आत्मीयता उत्पन्न हुई और वह यहां के लोगों में घुलमिल कर रहने लगा। दूरदर्शी हिरण्यकशिपु को अपने पुत्र का वह आचरण क्यों रुच सकता था। उसे इस देश में अपना राज्य चलाना था और प्रहलाद था उस राज्य का भावी उत्तराधिकारी। परन्तु उसे ऐसा भय प्रतीत होने लगा कि प्रहलाद के उक्त प्रकार के आचरण से सिर चढ़कर कहीं स्थानीय प्रजाजन उसके राज्य को उलट न दें। इसीलिए अपनी औरस संतान होते हुए भी यहां के लोगों से हिलमिल कर रहने में आनंद का अनुभव करने वाले प्रहलाद को

ठिकाने पर लाना ही चाहिए, ऐसा निश्चय हिरण्यकशिपु ने किया था। उसने प्रहलाद को इस प्रकार की शिक्षा देना प्रारंभ किया, जिससे प्रहलाद उक्त परहित पोषक वृत्ति को त्याग कर तथा अपनी दानवी संस्कृति के प्रति अभिमान रखते हुए यहां के लोगों के साथ ऐसा व्यवहार करे, जिससे कि उन पर उसकी धाक जम सके। किन्तु जब प्रहलाद ने अपने पिता की इस सीख की ओर ध्यान नहीं दिया तो हिरण्यकशिपु उसे भांति–भांति के कष्ट देने लगा।

प्रहलाद को दी जाने वाली यन्त्रणाओं से लोगों के हृदय में यह भावना भी जागृत हो उठी कि उन पर राज्य करने वाला राजा बड़ा ही दुष्ट है। प्रहलाद की रक्षा का बार–बार उन्होंने प्रयत्न किया। दिनों दिन वृद्धिगत होने वाली यातनाओं को देख उनके हृदयों में भी अधिकाधिक चिढ़ उत्पन्न होती गई और जब अन्याय के प्रति उत्पन्न हुई चिढ़ अपनी चरम सीमा को पहुंचती है, उस समय जनशक्ति अपने भीषण स्वरुप में प्रकट हुआ करती है। पुराणों में वर्णित खम्बा निर्जीव तथा निष्क्रय समाज का ही प्रतीक है। इस खम्बे पर पद प्रहार किये जाने पर अर्थात समाज की भावनाओं पर आघात किये जाने पर सारा का सारा समाज सहसा भड़क उठा और उसने अपने भीषण उग्र रुप को प्रकट किया। इस स्वरुप का लाक्षणिक वर्णन ही भगवान नरसिंह है। भरे दरबार में सरदारों तथा अन्य जनसमाज की उपस्थिति में बालक प्रहलाद और सर्वसत्ताधारी हिरण्यकशिपु के बीच उत्तर प्रति उत्तर वार हुए होंगे। उपस्थित जन समाज की ओर अंगुली निर्देश करते हुए हिरण्यकशिपु ने प्रश्न किया होगा। क्या यही खम्भे जैसे निष्क्रिय तथा कायर लोग तेरे आदर्श के प्रतीक हैं। क्या यही तेरी रक्षा किया करते हैं और इस पर प्रहलाद के विश्वासपूर्वक हां कहते ही हिरण्यकशिपु तलवार लेकर उस पर झपटा होगा। एक विदेशी एवं अन्यायी राजा प्रत्यक्ष अपनी औरस संतान पर अत्याचार कर रहा है। बाकी के सरदार तटस्थ दर्शक के रुप में तमाशा देख रहे हैं और यह सब कुछ हमारे ही कारण हो रहा है। ऐसे दृश्य को देखते ही सहसा

सहस्रों लोग भड़क उठे होंगे और उन्होंने उस अत्याचारी का उसी क्षण प्रतिकार करते हुए दैत्यराज हिरण्यकशिपु एवं उसके सरदारों का वध किया होगा।

अतः इस अवतार के कार्य में नरत्व और सिंहत्व के बेजोड़ सम्मिश्रण की अभिव्यक्ति हुई। सत्प्रवृत्ति की प्रेरणा से चेत कर तथा जान हथेली पर लेकर लोगों का भड़क उठना ही इस अवतार में निहित मनुष्यत्व है। अत्याचार का प्रतिकार किया ही जाना चाहिए। ऐसी सत्प्रेरणा और प्रहलाद पर किए जाने वाले अत्याचार एक दृष्टि से हमारे पौरुष को आह्वान स्वरुप हैं। ऐसी स्वाभिमानी भावना जन विद्रोह के मूल में थी। किन्तु उन्होंने किसी पूर्व नियोजित योजना अथवा सुसंगठित पद्धति से तो यह विद्रोह किया नहीं था। किसी सिंह के समान क्रूर, अविचारी और अंधा होकर जय–पराजय का तनिक भी विचार न करते हुए ही वे टूट पड़े थे। अत्याचारी हिरण्यकशिपु पर अचानक ही प्रक्षुब्ध हुए क्रोध के वशीभूत होकर उन्होंने दैत्यराज तथा वहां पर उपस्थित उसके सभी अनुयायियों का वध किया। असंगठित लोगों के इस कार्य से बच्चे, बूढ़े और स्त्रियों को भी कष्ट पहुंचा होगा। इसी सम्पूर्ण चित्र को एक सिंह की कल्पना के द्वारा चित्रित किया गया है। सिंह की क्रूरता असीम होती है। उसी प्रकार जनशक्ति के उबल पड़ने पर उसका भी संतुलन नहीं रह पाता। यह अवश्य है कि इस विद्रोह के मूल में अन्याय के प्रतिकार की ही प्रेरणा थी। किन्तु परिणाम में वहां पर विवेक और संयम का सर्वथा अभाव ही परिलक्षित हुआ। विचारपूर्वक किए गए कार्यों में पद्धति, संयम तथा सुनिश्चितता के गुण विद्यमान रहते हैं। विकारवश होकर किए गए कार्यों में इन गुणों का अभाव होता है। इस प्रसंग की समूची घटना सहसा किसी ज्वालामुखी के विस्फोट के समान ही घटित हुई। उस समय अभिव्यक्त हुई जनशक्ति का स्वरुप इतना भीषण था कि उसका कोई भी प्रतिकार न कर सका। यही नहीं स्वयं प्रहलाद भी उस क्रूर कृत्य को विस्मय विस्फारित नेत्रों से केवल देखता ही रह गया।

यदि काल विपर्यास का दोष है स्वीकारते हुए उपमा देनी हो तो ऐसा कहा जा सकता है कि जिस प्रकार फ्रांस की राज्य क्रांति के समय लोगों ने विकारवश एवं चिढ़कर मनमाने अत्याचार करते हुए अपना अंतः क्षोभ प्रकट किया, ठीक वैसी ही अवस्था भगवान नरसिंह के प्रसंग पर भी हुई। भगवान मत्स्य के समान ही यह भी सामूहिक भावना एवं कर्त्तव्य प्रकट करने वाला अवतार है।

किन्तु इस समय इस कार्य के मूल में सद्भावना, त्याग तथा साहस के होते हुए भी उसका उद्गम संगठित सामर्थ्य से नहीं हुआ था। एक संयमशील समर्थ संगठन का यहां पर अभाव ही था इसलिए जन क्रोध का यह ज्वालामुखी विस्फोट होने पर पुनरपि शीघ्र ही शांत हो गया। प्रहलाद हिरण्यकशिपु का पुत्र है चाहे कितना ही अच्छा क्यों न हो किन्तु स्वकीय कदापि नहीं। इस बात को लोग भूल गए और उन्होंने किसी भी प्रकार की आपत्ति न उठाते हुए उसके शासन को स्वीकार भी कर लिया।

प्रहलाद बड़ा ही बुद्धिमान और नीतिज्ञ था। कई दृष्टियों से उसकी तुलना अकबर से की जा सकती है। अल्पावस्था एवं अनापेक्षित परिस्थिति में ही वह सिंहासन पर रुढ़ हुआ था। परिस्थिति के कठोर विद्यालय में उसने अपने पाठ ग्रहण किए। यहां के लोगों की हां में हां मिलाना और उधर अपने राज्य की नींव को अधिकाधिक दृढ़ करते जाना, यह उसके ही व्यवहार का मुख्य सूत्र था। अपनी निष्पक्षता का वह सदैव ही प्रदर्शन किया करता था। एक बार तो उसने अपने बेटे के विरुद्ध भी निर्णय किया था। इस प्रकार की शासन व्यवस्था के द्वारा यहां के लोगों के हृदयों को जीतने का उसने सफल प्रयास किया। यदि परकीयों का राज्य केवल अत्याचार के ही बल पर चल रहा हो तो उसे उतारना विशेष कठिन नहीं होता। किन्तु एक बार उसे जन–मन को भ्रम में डालने वाले सुराज्य का स्वरुप प्राप्त होने पर उसके विरुद्ध कोई आन्दोलन छेड़ना एक टेढ़ी सी बात हो जाती है।

किन्तु ऐसी परिस्थिति में भी *'सेर को सवा सेर'* वाले न्याय के अनुसार केवल बुद्धिमत्ता के बल पर तथा राष्ट्र भक्ति की पूंजी पर भरोसा रखते हुए विदेशियों को हत बल कर इस देश से निकाल बाहर करने का एक प्रयत्न किया गया।

जो कर्त्तव्य से अनभिज्ञ तथा सब प्रकार के कर्मों से अपरिचित है, जिसको समयोचित सदाचार का ज्ञान नहीं वह मूर्ख वास्तव में पशु ही है। जो हिंसक, सजातीय मनुष्यों को उत्तेजित करने वाला, कलहप्रिय काया, उच्छिष्ट भोजन करने का प्रेमी है, वह मनुष्य कुत्ता कहा गया है। जो स्वभाव से ही चंचल, सदा भोजन के लिए लालायित, कूद–कूद कर चलने वाला और जंगल में रहने का प्रेमी है उसे बंदर समझना चाहिए। जो वाणी और बुद्धि द्वारा कुटुम्बियों तथा दूसरो की भी चुगली खाता है और सबको उद्वेगजनक होता है वह पुरुष सर्प के समान माना गया है, जो बलवान, आक्रामक, नितांत निर्लज्ज, दुर्गन्धयुक्त मांस का प्रेमी और भोगासक्त है वह मनुष्यों में सिंह कहा गया है। इस क्रम से मनुष्यों में अन्य पशुओं का विवेक करना चाहिए।

५

भगवान वामन

जो व्यक्ति अपने हाथ में यज्ञ का कंकण बांधता है अर्थात् जो एक यज्ञकर्ता के नाते दीक्षा ग्रहण करता है उसे स्वयं अपना स्थान न छोड़ते हुए सभी बातें और सारी व्यवस्था केवल अपने प्रभाव के द्वारा ही सम्पन्न करानी पड़ती थीं। इस नियम का बड़ी कड़ाई के साथ पालन किया जाना आवश्यक था अर्थात जिसके आदेशानुसार काम करने वाले अनेक सुयोग्य व्यक्ति होते वही यज्ञ कर पाता था। इससे यह बात स्पष्ट हो जाती है कि उस समय यज्ञ प्राप्त किए हुए सामर्थ्य का प्रत्यक्ष अनुभव होने तथा साथ ही नूतन बल तथा प्रभाव समाप्त करने का एक सर्वस्वीकृत मार्ग ही था। जिस प्रकार आज कल सुष्ट व दुष्ट सभी प्रकार के लोग अपने पक्ष का बल बढ़ाने की दृष्टि से संगठन करने में प्रयत्नशील दिखाई देते हैं उसी प्रकार उस प्राचीन काल में दानव, मानव, ऋषि, राजा, महाराजा एवं सभी–गण यज्ञ किया करते थे और सफल यज्ञ करने में ही अपने जीवन की सार्थकता है ऐसी उनकी धारणा रहा करती थी।

इस प्रकार के एक अभिनव साधन का अवलंबन बलि ने किया। देश के विभिन्न भागों में एक के बाद दूसरा यज्ञ करके उसने धूम मचा दी और इस उपाय के द्वारा जनता के हृदय में अपने प्रति आदर, कृतज्ञता और श्रद्धा के भाव उत्पन्न करने में उसे सफलता भी काफी मिलती जा रही थी। अपनी कार्य कुशलता, उदारता तथा सुस्वाभावादि गुणों के द्वारा उसने लोगों के हृदयों को अपनी ओर मोड़ लिया। लोगों को ऐसा प्रतीत होने लगा कि मानो एक मात्र बलि ही उनका सच्चा आश्रय स्थान है। यदि हम उसे अपने दुःख निवेदन करें तो वह उन्हें निश्चित ही दूर करेगा। इसी प्रकार की भावनाओं से प्रेरित होकर दूर–दूर के लोग बलि के पास आने लगे। जनता का पूर्ण सहयोग तथा उनकी सद्भावनायें बलि के साथ हैं, ऐसा प्रत्यक्ष अनुभव भी होने लगा। इसके परिणाम स्वरुप वह सहज यहां का राजा बन गया। केवल रत्न जड़ित सिंहासन पर ही नहीं वरन् जनता के हृदयरूपी सिंहासन पर भी वह अधिष्ठित हो गया। इस अभिनव मार्ग के द्वारा

लोगों के हृदयों पर प्रभाव जमाने में बलि ने ज्यों–ज्यों सफलता प्राप्त की त्यों–त्यों इंद्र का सिंहासन भी डोलता हुआ दिखाई दिया। उसकी ओर अब कोई भी ध्यान न देता।

वैसे देखा जाए तो बलि के राज्य में सर्वसाधारण जन सुखी ही थे। उसका राज्य सुराज्य था किन्तु स्वराज्य नहीं। स्वराज्य की आग सुराज से बुझ नहीं सकती वाला–सिद्धान्त तत्कालीन भारतीयों को चाहे शब्द रुप में ज्ञात न भी हो फिर भी भाव रुप में अवगत अवश्य ही था। इसीलिए सर्वसत्ताधारी बने हुए राजा बलि के संबंध में लोगों के हृदयों में धीरे धीरे असंतोष उत्पन्न होने लगा। शासन के सभी प्रमुख स्थानों पर बलि ने परकीय दैत्य एवं असुरों की ही योजना की है। यह बात भी लोगों की दृष्टि से न बच सकी थी। उस अवस्था में स्थानीय लोगों को अपनी कर्त्तव्यशक्ति को प्रकट करने का कोई मार्ग ही नहीं रह गया था। तत्कालीन विचारवान व्यक्ति यह अनुभव करने लगे कि यदि इसी प्रकार की अवस्था कुछ काल तक और टिकी रही तो सम्पूर्ण समाज शूद्रवर्णी बनकर भारतीय संस्कृति विनाश पथ की ओर उन्मुख होगी। और इस प्रकार भारत का स्वत्व नष्ट हो जायेगा। बलि के शासन से उत्पन्न हुए इस संकट का ज्ञान शनैः शनैः सभी को होता जा रहा था और उसके परिणामस्वरुप असंतोष भी वृद्धिगत हो रहा था। किन्तु जनता की मूक वाणी को मुखरित कौन करता ? बलि के यज्ञों में प्राप्त दक्षिणा से संतुष्ट हुए ब्राह्मण वर्ग से इस प्रकार की आशा की ही नहीं जा सकती थी। यदि क्षत्रिय और वैश्य वर्ण के लोग कुछ हाथ पैर हिलाने की बात सोचते भी तो उन पर बलि की बड़ी ही कड़ी नजर थी। उनके मुंह से उस संबंध में किसी बात का उच्चारण मात्र होने पर भी बलि की सेना उन सभी को उसी क्षण कुचल देती। इसके साथ ही सर्वसाधारण जनता की ओर से उन पर स्वार्थ सिद्धि का आरोप किये जाने की पूर्ण संभावना थी। शेष सर्व सामान्य लोगों को भी यह बात मान्य थी कि बलि के राज्य में व्यवस्था उत्तम अवश्य है परन्तु उस दृष्टि से अपेक्षित समृद्धि कदापि नहीं। किन्तु आन्दोलन

छेड़ने के लिए आवश्यक होने वाले अन्य गुणों का उनमें सर्वथा अभाव ही था। इसके साथ ही उनकी इच्छायें, आकांक्षायें बहुत ही क्षुद्र होने से, कभी आंतक के द्वारा, तो कभी लालच दिखा कर उन्हें सहज ही बलि चुप करा सकता था। ऐसी परिस्थिति में अंदर ही अंदर धुंधुआने वाला असंतोष स्त्रियों के रुप में प्रकट होने लगा। देवमाता अदिति ने इस सारी समस्या का अंत कर सकने वाले एक पुत्र की प्राप्ति हेतु तपस्या प्रारंभ कर दी। अंत में उसे जो पुत्र हुआ उसी का नाम वामन रखा गया। अपने शैशव से ही साहस तथा पुरुषार्थ के लिए वह प्रसिद्ध रहा। उसकी सूझ–बूझ भी बड़ी ही ऊंची थी। एक बार उसने हिमालय में दीवार (सुरंग) बनाकर स्वर्ग लोक की गंगा नदी को मृत्युलोक में लाने का साहसी प्रयत्न किया था। किन्तु वह सफल न हो सका। आगे चलकर कुछ काल के उपरान्त कश्यप, प्रभृति वयो–वृद्ध पुरुषों की सहायता तथा मार्गदर्शन के साथ उसने बलि के घातक प्रभाव से देश को मुक्त करने का महान कार्य अपने हाथ में लिया और उसे सफलता पूर्वक संपन्न भी कर दिखाया।

वामन का एक बटु या बौने के रुप में वर्णन किया गया है, जो कि प्रतीकात्मक है। बटु की बुद्धि प्रखर होती है। उसका शरीर फुर्तीला होता है। उसकी आवश्यकताएं बहुत ही अल्प होती हैं। वामन ने केवल तीन पग भूमि की ही याचना की थी तथा उससे अधिक कुछ भी नहीं चाहा।

यह बात स्पष्ट कह दी थी। इससे उनकी निष्प्रह वृत्ति ही व्यक्त हुई। इस प्रकार के गुणों से युक्त पुरुष ही उस परिस्थिति में तत्कालीन समाज का समुचित नेतृत्व कर सकता था। जब गुप्त रूप से वामन, लोगों को यह समझाने लगे कि स्वराज्य की समता सुराज्य कदापि नही कर सकता तो वह बात लोगों के गले उतरते तनिक भी देर न लगी। प्रत्येक व्यक्ति को ऐसा प्रतीत होता कि वामन उसी के हृदय की बात कह रहे हैं। इसीलिए वामन का आन्दोलन दावानल के समान फैलने लगा। उनके आंदोलन का स्वरुप दो प्रकार का था।

गुप्त और प्रकट। गुप्त के अंतर्गत स्वराज्य व सुराज्य का विवेचन किया जाता। वामन की इस सूत्र रूप शिक्षा के द्वारा दीर्घकाल तक जनमन में विकसित होती हुई राष्ट्र भावना उत्कृष्ट होकर आचरण में भी व्यक्त होने लगी। प्रकट आन्दोलन इससे कहीं अधिक निरुपद्रवी भाषा में प्रचण्ड किया गया।

बलि के राज्य में स्वधर्म पालन करने की दृष्टि से प्रत्यक्ष रुप में ब्राह्मणों पर कोई भी प्रतिबंध नहीं था। किन्तु अपने यज्ञों के द्वारा उन सभी को वह इतना व्यस्त बनाये रखता कि उन्हें अध्यापन एवं अध्ययन के लिए तनिक भी अवकाश न मिल पाता। क्षत्रियों को न सेना में स्थान दिया गया था और न राज्य यंत्र में ही। व्यापार एवं कला कौशल का सारा का सारा क्षेत्र असुरों ने व्याप्त कर रखा था। उसी प्रकार अध्ययन का कार्य विरोचन, शुक्राचार्य, प्रभृति के तंत्रानुसार उन्हीं के नियंत्रण में समूचे राज्य में चल रहा था। परिणामस्वरुप नास्तिकता तथा भोगवाद का चतुर्दिक प्रसार बड़ी ही तीव्र गति से हो रहा था।

वामन का मोर्चा इसी व्यवस्था के विरोध में था। वे इस प्रकार का खुलेआम उपदेश करने लगे कि धर्म का सच्चा अर्थ वर्णाश्रम धर्म ही है। ब्राह्मण लोग अध्ययन–अध्यापन का कार्य करें। क्षत्रिय, शासन कार्य में भाग लें तथा आवश्यकतानुसार युद्ध करें और वैश्यों को चाहिए कि वे व्यापार करें। वामन के इस आन्दोलन ने बलि के सामने एक विकट समस्या का निर्माण कर दिया क्योंकि लोगों को धर्म के अनुसार चलना चाहिए ऐसी घोषणा बलि ने कई प्रसंगों में की हुई थी। वामन के उक्त विचार की बात जब पहले–पहल बलि को विदित हुई तो उसने सर्वप्रथम उन्हें भोगैश्वर्य का प्रलोभन दिखाकर अपने वश में करने का प्रयत्न करके देखा, किन्तु उसमें वह पूर्णतः असफल हुआ और उधर वामन का आन्दोलन अधिकाधिक जोर पकड़ता हुआ दिखाई दिया। तब बलि ने निश्चय किया कि वामन से मिलकर उसकी बात को समझकर आपसी समझौते के द्वारा ही समस्या का अंत किया

जाए। किन्तु इस विचार से शुक्राचार्य सहमत नहीं थे। उन्होंने बलि को वामन के आन्दोलन का वास्तविक उद्‌देश्य स्पष्टतया समझा कर बतलाया। वे मंजे हुए राजनीज्ञि थे। राजनीति का अर्थ है स्वसमाज के संबंध में परम कोटि का स्वार्थी व्यवहार, परपक्ष का हित तो राजनीतिज्ञों की दृष्टि विचार का विषय कभी हो नहीं सकता। उनकी दृष्टि केवल अपने ही पक्ष के हित पर केन्द्रीभूत हुई रहती है। और कहना न होगा कि वह उचित तथा आवश्यक भी है। हमारा यह सदैव का ही अनुभव है कि ईश्वर प्रदत्त दो आँखों में से एक को मूंदे बिना लक्ष्य वेध नहीं किया जा सकता इस बात को ध्यान में रखते हुए कि राजनीति एक व्यवहार शास्त्र है, हर एक व्यवहार कुशल राजनीतिज्ञ एकाक्ष ही होता है, या उसे वैसा होना पड़ता है। यह दिखाने के लिए ही शुक्राचार्य को एकाक्ष कहते हैं तथा वह एकाक्षत्व इसी प्रसंग पर निर्माण हुआ बतलाते हैं। इस कथन का वास्तविक अर्थ यह है कि उक्त प्रसंग पर शुक्राचार्य की एकान्तिक स्वपक्ष निष्ठा व्यक्त हुई थी। उन्होंने बलि को परामर्श दिया था कि वामन के आन्दोलन को कुचल दिया जाए। इस पर बलि ने आचार्य से कहा कि आचार्य महोदय स्वयं विष्णु ही वामन के रुप में मेरे सन्मुख आये हुए हैं। विष्णु तो व्यापक दृष्टि से विचार करने वाले, लक्ष्मी को सिर पर न चढ़ाकर उसे अपने चरणों के पास बैठाने वाले तथा शेषशायी हैं। अपनी बुद्धिमता केवल दुष्टों की दुष्टता को परास्त करते हुए उन्हें निरुपद्रवी बना देने में वे सिद्धहस्त हैं। यदि ऐसे विष्णु ही जनता का पक्ष लेकर मेरे विरुद्ध आन्दोलन कर रहे हैं तो फिर आप ही बतलाइए कि उन्हें शक्ति के द्वारा किस प्रकार जीता जा सकता है। यदि दमन नीति का आश्रय लेकर सभी आन्दोलनकारियों को कारागार में डाल देने की बात सोची भी जाये तो उससे वह आन्दोलन सदा के लिए समाप्त हो जाएगा, ऐसी बात भी नहीं है, उलटे इस नीति के द्वारा तो सभी ओर अशांति निर्माण होगी। विद्रोह ही उत्पन्न होंगे और पिछला अनुभव यही बतलाता है कि आगे चलकर उसका परिणाम होगा सर्वनाश। उस

समय की तुलना में आज जन–जागृति कई गुना हो चुकी है, यही नहीं उसे एक ठोस संगठन का स्वरुप भी प्राप्त हो चुका है और उसका नेतृत्व करने हेतु वामन जैसा एक अलौकिक पुरुष भी मैदान में उतर चुका है। ऐसी परिस्थिति में **"सर्वनाशे समुत्पन्नो अधः व्यजति पंडितः"** वाले सिद्धांतानुसार कुछ ले–देकर आपसी समझौते के द्वारा ही इस समस्या को सुलझाया जाना मेरी दृष्टि में अधिक श्रेयस्कर होगा। इससे मेरी आज तक की प्राप्त की हुई कीर्ति में भी कुछ वृद्धि ही होगी। क्या आप इस बात से सहमत नहीं कि जनता के असंतोष की नंगी तलवार सिर पर लटकते हुए प्राप्त होने वाले देवेन्द्र के वैभव की अपेक्षा जनता की सम्मति के साथ प्राप्त होने वाला सामान्य राज्य पद कहीं अधिक यशावह होता है। ऐसा सुनकर शुक्राचार्य ने क्रोध में आकर शाप दे डाला कि जा तू राज्यभ्रष्ट होगा।

शुक्राचार्य की ओर से निर्माण की गई बाधा के दूर होने पर समझौते की बात प्रारम्भ हुई। त्रैवर्णिकों को अपने–अपने वर्ण विहित कर्म करने की सुविधा प्रदान की जाये। यही थी वामन की निरुपद्रवी प्रतीत होने वाली एक मात्र मांग। उसके द्वारा की गई त्रिपाद भूमि की याचना। उसे स्वीकार करने में बलि को कोई भी आपत्ति न दिखाई दी। तत्पश्चात उस मांग की व्याप्ति पर चर्चा प्रारम्भ हुई। बलि अपने यज्ञ बंद करें और विरोचन की शिक्षा प्रणाली को राजाश्रय न हो। यह था वामन का पहला पद। उसी प्रकार क्षत्रियों को राज्यतंत्र तथा सेना में प्रवेश मिले, यह था वामन का दूसरा पद और भारतीय वैश्य वर्ग को इस देश में व्यापार करने की अनिर्बन्ध छूट दी जाये यह था वामन का तीसरा पग। पहला पग तो हंसी खुशी के साथ रख दिया। दूसरे को बलि ने तो स्वीकार किया किन्तु उस संबंध में उसके अनुयायी गड़बड़ करने लगे। उन्होंने वामन पर आक्रमण करने की चेष्टा की परन्तु वामन के अनुयायियों ने उसे तत्काल ही विफल कर दिया। उस समय निर्माण हुए संघर्ष में असुरों का अधिक संहार न हो इस दृष्टि से अन्त में बलि ने ही अपने लोगों को युद्ध निवृत्त हो जाने का कठोर आदेश

दिया। फलस्वरुप उन्हें चुपचाप पीछे हट जाना पड़ा। जब अधिकांश शासन सूत्र वामन के अनुयायियों के हाथ आ गया और सेना पर भी उन्हीं का अधिकार चलने लगा, तब वामन ने अपने तीसरे पग को बढ़ाने की बात सोची। उस समय स्वयं बलि ही घबड़ा उठा क्योंकि भारतीय वर्ग को व्यापार एवं कला कौशल का क्षेत्र अनिर्बन्ध रुप में उन्मुक्त किये जाने पर उनकी प्रतिस्पर्धा में असुर जाति के वैश्यों का टिकना असंभव हो गया और इस प्रकार बलि के राज्य का मूल हेतु ही विफल होता दिखाई दिया। इस समय बलि की आखें खुली। उसने प्रतिकार भी करना चाहा किन्तु अब उसका कोई उपयोग नहीं हो सकता था। अंत में वामन के हाथों में आई हुई सत्ता के बल पर बलि को राज्यच्युत करके उसे वरुण पाशों से जकड़ दिया गया। इसीलिए तीसरा पग बलि के सिर पर रखा गया।

इसके पश्चात वामन ने बलि को दक्षिण भारत के पश्चिमी किनारे पर रहने के लिए भेजा और वहां पर उसकी रक्षा का भार भी उन्होंने स्वयं ही स्वीकार किया और बलि को वहां पर राजबंदी के रुप में सुरक्षात्मक हिरासत की पद्धति से रखा गया था। वहां पर वामन का कड़ा पहरा ही द्वारपाल का कार्य करने के समान है।

वामन का यह कार्य राष्ट्र भावना के बिना होना संभव नहीं था। किसी विशिष्ट ध्येय को दृष्टि पथ में रखते हुए उसकी प्राप्ति हेतु वर्षानुवर्ष तन्मयता के साथ जुटे रहना और सभी प्रकार की पूरी–पूरी सावधानी रखते हुए आवश्यकता पड़ने पर अपने प्राण भी दांव पर लगा देना कोई साधारण अथवा सहजगम्य कार्य तो है नहीं। वामन एक पक्के ध्येयनिष्ठ पुरुष थे। स्वार्थ भावना का उनके हृदय में तनिक भी स्थान नहीं था। उस प्रसंग पर जनता ने उन्हें सिंहासन पर भी बैठाना चाहा, परन्तु बड़ी ही विनम्रता के साथ उस बात को अस्वीकार करते हुए उन्होंने अपने जिम्मे बलि पर नजर रखने का एक महत्वपूर्ण, कठिन किन्तु साथ ही प्रतिष्ठा शून्य कार्य ही लिया और सर्वथा निस्वार्थ भाव से तथा समाज कल्याण की भावना से प्रेरित होकर उस

कार्य को सफलतापूर्वक पूर्ण भी किया। इस प्रकार बलि के सामर्थ्य का रहस्य पहचानकर मंत्र एवं शस्त्र विद्या में निष्णात राष्ट्रवीरों का संगठन अत्यन्त गुप्त रीति से करते हुए वामन ने जीवित तथा ज्वलन्त राष्ट्र प्रेम का एक अभूतपूर्व आदर्श ही समुपस्थित कर दिखाया।

वामन का यह कार्य चिरस्थाई सिद्ध हुआ। उनके पराक्रम तथा चातुर्य के द्वारा केवल बलि के शासन अथवा परकीय दैत्यों के दास्यत्व की ही इति श्री नहीं हुई अपितु वायव्य दिशा की ओर से होने वाले विदेशी आक्रमण भी बन्द हुए और इस प्रकार वायव्य सीमा सदैव के लिए सुरक्षित हो गई। उस दिशा की ओर से भारत निर्भय व निश्चिंत हुआ। जनता को इस कार्य का महत्व इतना अधिक प्रतीत हुआ और उससे इतना असीम आनंद प्राप्त हुआ था कि वामन के प्रति अपनी कृतज्ञता को व्यक्त करने की दृष्टि से केवल उनकी जयन्ती ही मनाकर उनका समाधान नहीं हो रहा था। अत्यन्त अल्पकाल में ही वामन ने त्रैलोक्य की जनता को स्वराज्य प्राप्त करा देने का अद्‌भुत कार्य कर दिखाया था। इसलिए लोग उन्हें *"त्रिविक्रम"* वामन कहने लगे। उसी प्रकार नीति कौशल के बल पर प्रहलाद का राज्य प्राप्त करने वाले इन्द्र के कार्य को आगे बढ़ाकर उसे पूर्णता प्रदान करने के कारण वामन को उपेन्द्र की पदवी भी प्रदान की गई। उसके साथ ही दैत्य, दास, निराशा का अंधकार अब पूर्णता नष्ट हो चुका है इस बात को प्रकट करने के निमित्त जनता ने कई दिनों तक चलने वाला एक महान दीपोत्सव मनाया और सम्पूर्ण देश के घर–घर में प्रतिवर्ष मनाने की प्रथा भी प्रचलित की। परकीय शासन के प्रति चिढ़ एवं घृणा का भाव रखना उचित और आवश्यक होते हुए भी उसके लिए परकीय समाज के लोगों से द्वेष करने की आवश्यकता नहीं। इसके विपरीत यदि उनके कोई सद्‌गुण हों तो उनका श्रद्धापूर्वक स्मरण भी करना चाहिए। भारतीयों की मानो इसी वैशिष्ट्य पूर्ण सात्विक भावना को व्यक्त करने की दृष्टि से ही उक्त महोत्सव के अंतर्गत एक दिन को राजा बलि की सुव्यवस्थित शासन प्रणाली का स्मरण कराने वाला बलि

प्रतिपदा नाम प्रदान किया गया, जो कि आज तक प्रचलित है। इस प्रकार एक दृष्टि से सामूहिक प्रसन्नता की चरम सीमा को प्रकट करने के निमित्त एक प्रतीक सा बना हुआ तथा अति प्राचीन काल से चला आया हुआ यह दीपावली महोत्सव इन भारतीयों का वार्षिक स्वातंत्र्योत्सव ही है। गुड़ी पड़वा अथवा विजयादशमी हमारे विजयोत्सव हैं, तो दीपावली एक स्वातन्त्रयोत्सव। इसलिए पूरे वर्ष के अन्तर्गत आने वाले उत्सवों में उसे सबसे बड़ा माना जाना स्वाभाविक ही है। किन्तु बड़े ही खेद का विषय है कि अन्य अनेकों उत्सवों के समान ही इसकी भी पूर्व पीठिका को सर्वथा भुला दिया गया। हमारे ऐसा करने से उस उत्सव के प्रवर्तकों का उद्देश्य ही विफल हो गया। धर्मपरायण तथा मोक्षपरायण पुरुषों को भी समाज की चिंता करनी चाहिए, तभी उस समाज के अर्थ और काम सिद्ध हो सकते हैं। इस महान सिद्धांत की ओर हमने ध्यान नहीं दिया और इसीलिए आगे चलकर भारत को बुरे दिन देखने पड़े।

न्याय व नीति का ध्यान रखते हुए स्वाभिमान युक्त जीवन बिताना ही मनुष्यत्व है। ऐसी भारतीय संस्कृति की धारणा है। यह मनुष्यत्व अर्थात राष्ट्रीयत्व इस अवतार में स्पष्टतया प्रकट हुआ और इस काल में सभी लोगों को अपने कर्त्तव्य का ज्ञान हो चुका था, परन्तु पूर्ण उत्कटता के साथ नहीं। राष्ट्र भावना को ही यदि हम कोई पुरुष मानें तो हमें कहना होगा इस काल में इसकी ऊंचाई बहुत कम थी।

वामन का आन्दोलन सफल होने के लक्षण ज्यों–ज्यों अधिकाधिक स्पष्ट दिखाई देने लगे, त्यों–त्यों लोगों का साहस भी बढ़ा और वे अपने जिम्मे सौंपे गए कार्य बड़े ही उत्साह एवं दक्षता के साथ सम्पन्न करने लगे। अंत में राष्ट्र विषयक यह कर्त्तव्य भावना सारे ही समाज में एक ऐसे ऊंचे धरातल पर जा पहुंची कि बलि का सुव्यवस्थित एवं प्रबल सैनिक शक्ति से सुसज्जित शासन भी देखते ही देखते ठप्प हो

गया। किन्तु राष्ट्र भावना की यह उत्कटता एवं ऊंचाई अधिक समय तक टिक न सकी। इसीलिए इस अवतार का नाम वामन रखा गया। यही वामन का विशाल स्वरूप और सौम्य वामन स्वरुप की कल्पना है।

कहलाने लगा। अपने पिता के बाद जब वह गद्दी पर आया तो उसने इस प्रकार की घोषणा करवा दी कि मैंने सभी की रक्षा का भार अपने आप ले लिया है। अतः मेरे सिवाय अन्य कोई भी व्यक्ति शस्त्र धारण न करे यदि कोई ऐसा करेगा तो मैं उसका वध करूँगा।

अन्य समय पर केवल दो किन्तु युद्ध क्षेत्र में हजार हाथ होने का यह अद्भुत वरदान तथा उससे भी अधिक विचित्र प्रतीत होने वाली सहस्रार्जुन की उक्त घोषणा के संबंध में थोड़ा विचार किए जाने पर ऐसा दिखाई देने लगता है कि उसके हजार हाथ उसके प्राणप्रिय अनुयायियों के ही द्योतक हैं। वे अनुयायी केवल वेतन भोगी, भाड़े के सैनिक नहीं थे। वरन् उनका अपने नेता के साथ ठीक वैसा ही संबंध था जैसा कि शरीर के विभिन्न अवयवों तथा आत्मा के बीच रहता है। अर्थात् सहस्रार्जुन अपने अनुयायियों से पूर्णतः एक रुप हो चुका था और उसे सबका सम्पूर्ण विश्वास प्राप्त हो चुका था। अर्थात वह एक प्रकार का अभेद्य संगठन ही था। संगठन की यह विद्या उसने दत्तात्रेय से प्राप्त की थी और उसे व्यवहार में लाने वाला उस समय वह केवल अकेला ही व्यक्ति था। इसीलिए इस विद्या का वह सर्वप्रथम आचार्य माना गया। इतना अलौकिक बुद्धि सामर्थ्य तथा संगठन कौशल्य प्रकट करने वाला प्रथम पुरुष प्रातः स्मरणीय समझा गया।

इतना सामर्थ्य रखने वाले व्यक्ति में प्रचण्ड साहस एवं अहंकार का होना भी स्वाभाविक ही है। उसकी यही वृत्ति उससे 'अधिक श्रेष्ठ पुरुष के हाथों ही मेरा वध हो', वाले वरदान की याचना करने से व्यक्त हुई थी। मुझसे अधिक बलवान कोई न होगा और न कोई मुझे मार सकेगा, यही आत्मविश्वास उक्त वरदान से व्यक्त होता है। किन्तु उसके संगठन में कुछ दोष भी थे पहला तो यह कि अपने कार्य का अनुकरण कर कोई दूसरा व्यक्ति अपने से अधिक बलवान संगठन का निर्माण न कर ले, ऐसा भय उसके हृदय में सदैव ही बना रहता और दूसरे, उसे अपने अनुयायियों को सदैव ही कोई न कोई काम देकर उन्हें उसमें व्यस्त रखने की आवश्यकता भी प्रतीत हुआ करती।

इसलिए उसने अपनी सुसज्जित सेना के बल पर अपना राज्य विस्तार करते रहने की दृष्टि से कमर कस ली थी। किसी भी नवीन प्रदेश पर विजय प्राप्त करने के पश्चात् अपनी उक्त विचित्र घोषणा के द्वारा वह वहां के लोगों को निःशस्त्र होने के लिए बाध्य कर दिया करता इस प्रकार उसका संगठन स्वार्थ भावना पर आधारित था।

जमदग्नि का आश्रम सहस्रार्जुन की राजधानी के निकट ही था। ऋषि का छोटा पुत्र परशुराम बड़ा ही तेजस्वी पुरुष था। इस तेजस्विता तथा शस्त्र धारण के पाठ तो उसे अपने पिता के ही द्वारा प्राप्त हुए थे। किन्तु (जमदग्नि) ठहरे एक तपोनिष्ठ मुनि। मुनिवर सब कार्य शांति से कर लिया करते थे लेकिन परशुराम ने सहस्रार्जुन की अन्यायी घोषणा का खुलकर विरोध किया। ब्राह्मण होते हुए भी वे कंधे पर सदैव परशु धारण करने लगे और उन्हीं की देखा–देखी उनके संगी साथी भी सहस्रार्जुन की उद्दण्ता के विरोध में खम ठोककर खड़े होने वाले एक साहसी पुरुष के रुप में उन्हें पहचानने लगे क्योंकि सहस्रार्जुन की उद्दण्डता तथा धाक का रहस्य परशुराम जी ने जान लिया था इसीलिए अन्याय के प्रतिकार के तत्व को आधार मानकर उन्होंने एक नवीन संगठन निर्माण किया और यह एक मानी हुई बात है कि स्वार्थाधिष्ठित संगठन की अपेक्षा तत्वाधिष्ठित संगठन किसी भी अवस्था में श्रेष्ठ होगा। इसी संगठन के बल पर परशुराम जी ने सहस्रार्जुन के अभिमान की धज्जियां उड़ाईं और इस प्रकार अपने से श्रेष्ठ पुरुष के हाथों अपना वध होने की उसकी इच्छा भी पूर्ण की।

सहस्रार्जुन के वध के बाद परशुराम जी पुनः अपने तीर्थ–यात्रादि के कार्यक्रम में निमग्न हो गए। किन्तु जिन लोगों को उन्होंने शस्त्रविद्या की शिक्षा दी थी, उनके लिए अब कोई कार्य ही नही रह गया था। लड़ने–झगड़ने का चस्का लग जाने के कारण उन्हें अन्य कोई काम पसन्द न आता। अंततः उनमें से अधिकांश लोग सहस्रार्जुन के सुविस्तृत साम्राज्य में गुंडागर्दी करने लगे। इससे प्रजा को बड़ा ही

कष्ट होता। अंत मे एक बार किसी यज्ञ सुभारंभ के प्रसंग पर कुछ लोगों ने परशुराम जी को स्पष्ट शब्दों में कहा कि आपने सहस्रार्जुन तथा उसके उन्मत अनुयायियों का वध किया, वह तो ठीक ही हुआ। किन्तु भले–बुरे किसी भी ढंग का क्यों न हो, वह जनता की रक्षा भी किया करता था। इसके विपरीत किसी समय के आपके अनुयायी तो आज केवल गुंडागर्दी में ही व्यस्त दिखाई देते हैं। फिर उनका प्रबंध आप क्यों नही कर रहे हैं। कहीं यह बात तो नहीं कि अभिषिक्त शासक न होने के कारण आप उन्हें क्षत्रिय ही नहीं मानते? अथवा एक समय के अपने ही अनुयायियों के विरुद्ध शस्त्र उठाने में आपको भय तो प्रतीत नहीं हो रहा? आखिर इस सब मामले का क्या रहस्य है।

किन्तु आगे चलकर शनैः–शनैः उनके ध्यान में यह बात आने लगी कि इस क्षात्रवृति की समस्या के संबंध में वे "भइ गति सांप छंछूदर" जैसी वाली परिस्थिति के शिकार बन चुके हैं। उनका पहला जोश ठण्डा पड़ने लगा। परन्तु उनके ध्यान में फिर भी नहीं आ सका कि आवश्यकता क्षत्रिय संहार की न होकर क्षत्रियों को नियंत्रित करने की ही है और यदि यह बात ध्यान में आ भी जाती तो भी अपने क्रोधी स्वभाव के कारण वह कार्य उनसे हो भी न पाता। उस संहार के पथ पर वे इतने आगे बढ़ चुके थे कि न तो वे वहां से लौट ही सकते थे और न इस बात का अनुमान ही लगा सकते थे कि इसी प्रकार आगे बढ़ते रहने का परिणाम क्या होगा? अंत में, मेरे पिता पर इक्कीस आघात कर उनका वध किए जाने से मुझे केवल इक्कीस बार ही पृथ्वी निःक्षत्रिय करनी थी और वह मैंने की भी, ऐसा कहकर अपने मन को तथा लोगों की समझाने की चेष्टा के साथ वे चुप हो बैठे।

समाज की क्षात्रवृति को थोड़े बहुत परिणाम में अपने अंदर संजोने वाले तत्कालीन तथा उदयोन्मुख सभी घटकों को नष्ट करने का परशुराम ने प्रयास किया था। जबकि समाज के कल्याणार्थ क्षत्रिय वर्ग की आवश्यकता होती है और उस पर समुचित नियंत्रण रखते हुए

तथा समय–समय पर थोड़ा बहुत कष्ट उठाकर भी समाज में उस वर्ग को बनाये रखना ही बुद्धिमान और विचारशील नेतृत्व का कर्त्तव्य है। किन्तु इस समाज–पोषक तत्वज्ञान का ज्ञान न होने के कारण ही वैयक्तिक अपमान से चिढ़े हुए परशुराम ने क्षत्रिय संहार का उक्त कार्य बड़े ही उत्साह के साथ चलाया था।

अपनी कृति के समाज पर होने वाले दुष्परिणाम परशुराम को चाहे दिखाई न दिये हों किन्तु तत्कालीन विचारशील एवं दूरदर्शी पुरुषों को परशुराम के उक्त कार्य ने चिंतित अवश्य कर दिया था। कश्यप ऋषि इसी प्रकार के दूरदर्शी लोगों में से एक थे। परशुराम का क्रोध शांत होने पर वे उनसे मिले। समुचित शब्दों में उनके पराक्रम की सराहना की और उन्हें बतलाया कि अब आपका कार्य पूर्ण हो चुका है। अतएव आपको चाहिए कि प्रतिज्ञा पूर्ति की दृष्टि से अपने पूर्वजों का तर्पण कर अब आप तपस्या हेतु यहां से प्रस्थान करें। जब कश्यप ऋषि ने इस प्रकार अप्रत्यक्ष रीति से उन्हें उनके अवतार समाप्ति की सूचना दी, तो वह बात परशुराम को जंच भी गई। अंत में क्षत्रियों के शोणित से भरे हुए कुण्डों के रुधिर से उन्होंने अपने पितरों का तर्पण किया और उन्मत क्षत्रियों से अपने पुरुषार्थ के बल पर जीती हुई सम्पूर्ण भूमि भगवान कश्यप को दान कर दी।

परशुराम जैसे ज्वालामुखी का अपने राज्य में रहने की अपेक्षा कहीं अन्यत्र जाकर रहना ही अच्छा है। यह बात सोचकर कश्यप ऋषि ने स्पष्ट शब्दों में बतला दिया कि तुम्हें अब मुझे दान की हुई इस भूमि से बाहर चला जाना होगा। इस पर परशुराम ने दक्षिण की ओर प्रस्थान किया और महेन्द्र पर्वत पर आश्रम बनाकर तपस्या में लीन हो गए। समय–समय पर जब कभी उन्हें तीर्थ यात्रा करने की इच्छा होती तो वे पश्चिमी सागर के किनारे जाते और वहां के जंगली लोगों को जंगल साफ करने तथा कृषि योग्य भूमि तैयार करने की शिक्षा दिया करते। अपने कंधे पर रहने वाले परशु का इस प्रकार

उपयोग करने में भी उन्हें एक प्रकार का आनंद होता, सागर को पीछे हटाकर उन्होंने कुछ नवीन भूमि भी तैयार की थी। इसी को ''परशुराम ने बाण मार–मार कर सागर को पीछे हटाया'' कहा जाता है।

समाज के उन्मत्त लोगों की ओर से किए जाने वाले अत्याचारों को सहन न करने की प्रवृत्ति ही परशुराम जी के अवतार का वैशिष्ट्य है। परशुराम जी की यह धारणा थी कि अत्याचारों को चुपचाप सहन करते रहने से अत्याचारी व्यक्ति की अत्याचारी वृत्ति अधिकाधिक बलवती होती जाती है।

अब महर्षि कश्यप का राज्य प्रारंभ हुआ परन्तु आस–पास के प्रदेशों में भी परशुराम की अच्छी–खासी धाक जमी हुई होने से विदेशी आक्रमण का कोई भी भय नहीं था। फिर भी सुयोग्य शासकों के अभाव में अराजकता निर्माण हो जाने से संत्रस्त पृथ्वी (लोग) रसातल में प्रविष्ट होने लगी। इससे महर्षि कश्यप अत्यंन्त चिंतित हो उठे। तब उन्होंने एक नामधारी शासक का बाना स्वीकार तो अवश्य किया था, किन्तु वह किया था केवल परशुराम की चपेट से समाज को बचाने की सदिच्छा से प्रेरित होकर ही। अतएव थोड़ी बहुत सुप्त या प्रकट क्षात्रवृत्ति को धारण करने वाले लोगों को इधर–उधर से खोजकर तथा उन्हें निम्नकोटि के व्यवसायों को छोड़ अपने आस–पास के प्रदेशों का शासन प्रबंध करने की ओर महर्षि कश्यप ने प्रेरित किया। इसके परिणाम स्वरुप एक भारतवर्ष में छप्पन देश अर्थात उतने ही राज्य ऐसी अवस्था दिखाई देने लगी। सारांश में वे सभी केवल ठोक–पीटकर बनाये गए राजा थे, क्षत्रियोचित राजा नहीं थे।

इस प्रकार परशुराम जी ने समष्टि जीवन को व्यष्टि स्वांतत्र्य के तत्व से सयुंक्त कर और भारतीय राष्ट्रीयत्व को समृद्धि एवं वैशिष्ट्य की प्राप्ति करा दी। उनका सम्पूर्ण चरित्र ही राष्ट्र की आवश्यकता के प्रति समर्पित तथा प्रातः स्मरणीय है।

७

भगवान श्रीराम

एक राज्य अयोध्या के आस–पास काफी दूर तक फैला हुआ था। और वहां पर सूर्यवंश का एक राजा राज्य करता था। उसका नाम त्रय्यारूण बतलाया गया है। इस त्रय्यारूण ने अपना राज्य अपने दुराचारी पुत्र सत्यव्रत को न देकर अपने पुरोहित देवराज वशिष्ठ नामक ऋषि के हवाले किया था।

वशिष्ठ ऋषि एक त्यागी अनासक्त एवं स्वतंत्र प्रज्ञा के पुरुष थे। राज्य पद्धति के विषय में उन्होंने पर्याप्त विचार किया हुआ था। इसलिए इस भार को सहर्ष स्वीकार करते हुए उन्होंने अपनी एक विशिष्ट शासन प्रणाली को प्रारंभ किया। उनके राज्य की सम्पूर्ण व्यवस्था धर्मानुसार ही चला करती थी। जो गुरुकुल की अवस्था थी वही सम्पूर्ण राज्य की भी थी। उन्हें राज्य यंत्र के अस्तित्व की कोई आवश्यकता ही प्रतीत न होती। उनके विचार में समाज एक बड़े परिमाण पर चलने वाला गुरुकुल ही था।

परन्तु विश्वामित्र के साथ हुई दोनों की लड़ाइयों में उनकी प्रजा को जो कष्ट उठाने पड़े तथा उनमें उसके जीवन तथा वित्त की जो हानि हुई थी, उसका वशिष्ठ के हृदय पर बड़ा ही गहरा प्रभाव पड़ा था। युद्ध दृष्टि से आवश्यक सभी गुणों से युक्त तथा राज्य की रक्षा का भार वहन करने की सिद्धता रखने वाले क्षत्रिय वर्ग के अभाव में परचक्र का प्रतिकार करते समय प्रजा को जो–जो कठिनाइयां झेलनी पड़ती हैं, उनकी स्पष्ट कल्पना इस समय महर्षि वशिष्ठ को हो चुकी थी। इसलिए ऐसे क्षत्रिय वर्ग का सुयोग्य रीति से संचालन करने वाले एक कुशल नेता की अर्थात् क्षात्र गुणों से युक्त राजा के अस्तित्व की आवश्यकता को अब वे पूर्णतः मान चुके थे। अब उनके हृदय में निरंतर यही विचार उठा करता कि उनके जैसा एक शांतवृत्ति तथा युद्ध कला से सर्वथा अनभिज्ञ व्यक्ति राष्ट्र के एक नेता तथा विश्वस्त के नाते कार्य करने की दृष्टि से सर्वथा अपात्र है। तब उन्हें यह बात भली–भांति जंच गई। राष्ट्र की सुरक्षा की दृष्टि से एक सुसंगति तथा सर्वांग सम्पूर्ण राष्ट्र यंत्र की आवश्यकता अनिवार्य होती है। अतः उक्त सभी बातों के सुयोग्य संचालन का कार्य उनके हाथों कदापि सम्पन्न नहीं हो सकता। अतः स्वयं राजपद त्याग करते हुए उन्होंने फिर से त्रय्यारूण पुत्र सत्यव्रत (त्रिशंकु) को राजपद प्रदान कर कुल पुरोहित्व स्वीकार किया।

जीवन एक संघर्ष है और संसार में सदैव ही सबल, निर्बलों को दबाया करता है। यह प्रत्यक्ष व्यवहार ज्ञान उस समय हमारे समाज से लुप्त हो गया था। ऐसी परिस्थिति में महर्षि वशिष्ठ चाहते थे कि समुचित संस्कारों के द्वारा यह सर्वसाधारणजन सिंहासनाधिष्ठित व्यक्ति के अंतःकरण पर पुनरपि अंकित हो। समाज संरक्षण की क्षमता रखने वाले व्यक्तियों की एक अखण्ड परपंरा गद्दी पर आती रहे। इस बात के महत्व को वे भली–भांति समझ चुके थे। अतएव अब उन्होंने इसी कार्य को अपने हाथ में लिया, किन्तु उसमें सफलता प्राप्त होने के लिए काफी समय की आवश्यकता है। शासन करने की दृष्टि से सुयोग्य जानकर सूर्यवंश में सगर, दिलीप, भगीरथ, रघु, दशरथ, जैसे राजा गण आदर्श प्रजापालक के रुप में प्रसिद्ध हुए। इस प्रकार अपनी प्रजा के जीवन को सुखी और समृद्ध बनाने की दृष्टि से इन राजाओं ने कई काम किए थे। किन्तु उनके हृदयों पर क्षात्रवृत्ति के संस्कार दृढ़मूल न हुए होने के कारण उनमें से कोई भी एक सबल साम्राज्य संस्थापक महापराक्रमी सम्राट के रुप में आगे न आ सका था।

दशरथ के शासन काल में तो दक्षिण की ओर से पुनरपि परचक्र का उपद्रव प्रारंभ हुआ। लंका के महापराक्रमी राजा रावण द्वारा दी जाने वाली यंत्रणाओं से अपने राष्ट्र की मुक्ति हेतु किस उपाय का अवलंबन किया जाये। वशिष्ठ के सन्मुख यही विकट समस्या अपने उग्रतम रुप में उपस्थित थी, किन्तु दशरथ की ओर से उसके प्रतिरोध का तनिक भी प्रयास किया हुआ दिखाई नहीं देता था। अर्थात दशरथ के हाथों कुछ काम बन पड़ेगा इसकी तो उन्हें कोई भी आशा नहीं रह गई थी। इस कारण अब वशिष्ठ की दृष्टि दशरथ के राजकुमारों पर ही केन्द्रित हुई कि यदि इन राजकुमारों को क्षात्रयोचित संस्कार दिए जायें तो हो सकता है लक्ष्य पाने में सुगमता हो सके। इसी बात को ध्यान में रखकर युद्धकला और राजनीति में पारंगत ऐसा एक ही पुरुष उस समय उनकी आखों के सन्मुख था और वह था गाधिपुरी में

तपस्या करने वाला विश्वामित्र, इसी हेतु को केन्द्रित कर वशिष्ठ ने विश्वामित्र को इस कार्य के लिए राजी कर अपने मठरक्षण के निमित्त राम और लक्ष्मण की मांग करने हेतु दशरथ के दरबार में भेजा। परन्तु दशरथ ने मोहवश में लाख मना करने की कोशिश की तब वशिष्ठ ने बड़े ही अर्थ पूर्ण एवं समयोचित शब्दों में उनकी (दशरथ) शंकाओं का समाधान किया था। परिणामस्वरुप विश्वामित्र के साथ राम–लक्ष्मण को भेजा भी जाता है।

जिन–जिन महापुरुषों ने भारत की परचक्र से रक्षा की उन सभी को एक विशेष प्रकार की असामान्य शिक्षा प्राप्त हुई थी। इस प्रकार की यह शिक्षा ही उन महापुरुषों द्वारा किए गए अलौकिक कार्यों की नींव थी और ऐसी इस महत्वपूर्ण स्वराष्ट्र कार्य साधक शिक्षा प्रणाली के प्रर्वतक महर्षि वशिष्ठ और विश्वामित्र को अपने उद्‌देश्य की पूर्ति हेतु भारी कीमत भी चुकानी पड़ी थी। इस महान राष्ट्र कार्य की साधना के लिए उन्होंने अपने व्यक्तिगत मानापमान की भावना तथा अपनी भूतकालीन शत्रुता की आहुति दी थी। इसीलिए परचक्र के घोर संकट से स्वराष्ट्र को मुक्त करने वाले एक चक्रवर्ती सम्राट का वे निर्माण कर सकें उनका यह उद्योग अभूतपूर्व एवं अलौकिक था और उसका फल भी उन्हें तथा समूचे राष्ट्र को वैसा ही अलौकिक मिला।

बड़ी विचित्र परिस्थिति थी उस समय देश की। ऋषियों के प्रायः सभी आश्रम बन्द हो चुके थे। राक्षसों के आतंक और उत्पातों के कारण यज्ञादि करना असंभव हो गया था। कहीं पर भी वेद घोष नहीं सुनाई देता। राक्षसों के अत्याचारों से सम्पूर्ण जनता त्रस्त हो उठी थी। स्थान–स्थान पर राक्षसों की पाशविक लीलाओं के शिकार बने लोगों की अस्थियों के पर्वताकार ढेर विश्वामित्र के साथ वन जाते राजकुमारों को दिखाई देते हैं। संभवतया इन्हीं सब दृश्यों के अवलोकन के परिणामस्वरुप उस कालावधि में श्री रामचंद्र को अपने जीवन के कर्त्तव्यों का समुचित ज्ञान हुआ होगा।

साथ ही शिवधनुष को तोड़कर श्री राम ने मानो अपने जीवन कार्य का एक प्रकार से श्री गणेश ही कर दिया और परचक्र से स्वदेश की रक्षा करने हेतु वे स्वयं तो सिद्ध हो चुके थे। किन्तु केवल किसी एक व्यक्ति के बलबूते का तो वह कार्य था ही नहीं। यह अवश्य है कि श्री रामचंद्र जी में कर्त्तव्यनिष्ठा एवं आत्मविश्वास का भाव अपने प्रखरतम रुप में था। फिर भी अभी तक उनके व्यक्तित्व का प्रभाव तत्कालीन लोगों पर नहीं पड़ सका था। उनके अलौकिक सामर्थ्य का ज्ञान जनता को न हो सका था। लोगों में पराभूत मनोवृत्ति का प्राबल्य था। उनका जीवन चेतनाहीन बन चुका था। दूरदृष्टा विश्वामित्र चाहते थे इन सारी ही परिस्थितियों को बदलते हुए जनता की उक्त मनोवृत्ति को ठीक विपरीत दिशा की ओर मोड़ना और एक प्रकार से श्री रामचंद्र के सामर्थ्य की धाक् जमाते हुए लोगों के ह्रदयों में यह भावना निर्माण करना कि यह पुरुष उनकी रक्षा हेतु पूर्णतया कटिबद्ध हो चुका है। महापराक्रमी परशुराम के गुरु शिव के धनुष को श्री राम के हाथों भंग करवाने की योजना कर विश्वामित्र ने अपने इसी उक्त उद्देश्य को पूर्ण कर दिया।

किन्तु विवाहोत्सव को बड़े ही आनंद के साथ सम्पन्न कर ज्यों ही बारात अयोध्या के मार्ग पर अग्रसर हुई, उसी समय किसी भीषण उत्पात के सदृश भयानक चिह्न दिखाई दिए और दूसरे ही क्षण लोगों ने देखा कि पृथ्वी को निःक्षत्रिय करने वाला परशुराम उनका मार्ग रोककर सामने डटा हुआ है। तत्पश्चात कुशल प्रश्नों के बीच सहसा उसी प्रवाह में उन्होंने परशुराम से पूछा ब्रह्मन् जिस समय आप यह देश छोड़कर गये थे। उस समय यहां के लोगों की अवस्था कैसी थी और आज आपके पुनः इस ओर आने पर आपको ये कैसी दिखाई दी? इस पर परशुराम ने सीधा उत्तर दिया। उस समय देश धन–धान्य से युक्त था। लोग सुखी थे। किन्तु इस समय इधर आते हुए सम्पूर्ण देश उजाड़ और श्मशानवत दिखाई दिया। तब राम ने कहा कि परचक्र का प्रतिकार करने की दृष्टि से अत्यावश्यक रहने वाले क्षत्रिय वर्ग को

उनके द्वारा नष्ट प्रायः किए जाने के कारण ही परकीय राक्षस लोग यहां पर अपना आतंक जमाकर इस देश को बड़ी ही सरलता के साथ लूट सके। इस प्रकार जनता के मृतप्रायः बनने का सारा ही श्रेय परशुराम के मत्थे मढ़ा जा रहा था जबकि उनके पास इसका कोई उत्तर न था। अंत में उन्हें अपनी भूल स्वीकार करनी पड़ी और पाप के प्रायश्चित के रुप में उनका तेजोहरण किया गया। अर्थात उनकी कोई भी प्रतिष्ठा शेष न रह गई और उनके प्रभाव का युग समाप्त हो गया। परशुराम जैसे महावीर को इस प्रकार अपने सन्मुख झुकने के लिए विवश कर देने वाले श्रीराम का प्रभाव इस घटना से कई गुणा अधिक बढ़ गया। उससे समाज के विचारवान लोगों को यह बात भली–भांति जंच गई कि उन्हें समाज में क्षात्रवृत्ति का परिपोष करने की अनिवार्य आवश्यकता है। इस प्रकार इस समय यहां पर दो भिन्न विचार प्रणालियों के बीच का सुवर्ण मध्य प्राप्त हुआ। तत्कालीन समाज के नेता गण इस समन्वयात्मक निष्कर्ष पर पहुंचे कि समाज सरंक्षण के लिए हमें एक सामर्थ्यशाली एवं सशस्त्र क्षत्रिय वर्ग की आवश्यकता तो है ही, किन्तु इसके साथ ही उस वर्ग की स्वाभाविक उद्दण्ड वृत्ति को मर्यादित रखने के हेतु कुछ समुचित बंधनों की भी जरूरत है। क्षत्रिय वर्ग समाज का एक महत्वपूर्ण अंग है। अतः समाज कल्याणार्थ उसे बनाये रखना भी नितान्त आवश्यक है। जिस प्रकार कभी प्रसंग वश दांतों के द्वारा जीभ के काटे जाने पर भी उन्हें कोई उखाड़ कर नहीं फेंकता, वैसे ही किसी समय क्षत्रियों के उच्छृंखल एवं अत्याचारी बन जाने पर उनका समूल नाश किया जाना परिणाम में समाज हित घातक ही सिद्ध होता है। ऐसी परिस्थिति में एक कुशल समाज नेता का वास्तविक कर्त्तव्य यह हो जाता है कि केवल इतनी सी बात की सावधानी रखे कि क्षत्रियों तथा समाज के अन्य लोगों के बीच उक्त प्रकार का कोई संघर्ष निर्माण न हो। संकट के समय में जिस प्रकार अपने प्राणों की भी चिंता न करते हुए लड़ने की वृत्ति क्षत्रियों में होती है, उसी प्रकार शान्ति के काल में भी विविध प्रकार के

उपभोग करने की मनोवृत्ति भी उनमें स्वभावतया ही रहा करती है। इस बात को ध्यान में रखते हुए समाज के नेताओं को चाहिए कि वे क्षत्रियों को निभा लिया करें। इस प्रकार का विचार उस समय सर्वसम्मत हुआ। इस लिए श्रीरामचन्द्र की उक्त विचारधारा का प्रसार बड़ी ही तीव्र गति से होने लगा। अतः समाज रक्षा से प्रेरित होकर मृत्यु के भय और जीवन से मोह न रखते हुए परचक्र का संगठित प्रतिकार करने में समर्थ ऐसे क्षत्रिय वर्ग का अस्तित्व समाज में होना ही चाहिए। ऐसी चर्चा सभी ओर सुनाई देने लगी। इस प्रकार समाज धारणा की दृष्टि से पोषक उक्त सिद्धांत की सर्वत्र विजय हुई। परशुराम के तेजो भंग का यही वास्तविक अर्थ है और इस प्रकार परशुराम के तेजो भंग के पश्चात श्रीरामचंन्द्र के स्वतंत्र कर्त्तत्व का श्री गणेश हुआ। यही तो श्रीराम के हाथों रावण का पराभव और स्वराष्ट्र की रक्षा करवाना ही तो वशिष्ठ और विश्वामित्र ऋषियों का उद्देश्य था क्योंकि रावण का पराभव कर प्रजा को पुनः सुख के दिन प्राप्त करा देने वाले राजा को ही जनता किसी भी अवस्था में सहयोग प्रदान करेगी, क्योंकि एक पराक्रमी राजा को ही प्रजा का प्रेम और आदर प्राप्त हुआ करता है।

तदुपरान्त दण्डकारण्य में प्रवेश करते हुए उन्होंने वानर जाति के लोगों से संबंध स्थापित किया। अपने असामान्य नेतृत्व के द्वारा जनता में प्रतिकार सामर्थ्य और आत्मविश्वास का निर्माण हुआ। अपने व्यक्तित्व के बल पर नये–नये मित्र एवं अनुयायी प्राप्त किये। वनस्थ सभी ऋषियों ने उनका स्वागत किया। कार्यसिद्धि की दृष्टि से उन्हें आवश्यक सूचनायें दी तथा उनके हाथों अनेक दुष्टों का वध करवा कर लोगों के हृदयों में उनके प्रति श्रद्धा उत्पन्न की। इस प्रकार अपने प्रभाव को बढ़ाते हुए अधिकाधिक सहयोगियों को प्राप्त करते हुए और पूरे चौदह वर्ष की सिद्धता के पश्चात सभी लोगों का परामर्श और सहयोग लेकर ही उन्होंने लंका पर चढ़ाई की। पर्याप्त साधन सामग्री के उपलब्ध न होने पर भी उन्होंने एक अत्यन्त सामर्थ्यवान एवं

शस्त्रास्त्रों से सुसज्जित शत्रु से युद्ध किया और प्रत्यक्ष उसकी राजधानी में ही प्रवेश करते हुए उसका वध किया। श्री राम चन्द्र के इस कार्य में उन्हें उनके द्वारा प्रयत्नपूर्वक प्राप्त किए गए मित्र तथा अनुयायियों ने अपेक्षा से भी अधिक सहयोग प्रदान किया था।

श्री राम के जीवन का पूरा चरित्र अपने युग में व्याप्त घोर कुशासन दुर्नीत आतंक, उत्पीड़न, और अत्याचार के नाश का इतिहास है। जिसमें हनुमान का चरित्र उनके सहायक के रुप में सम्बद्ध रहा। राम और हनुमान का चरित्र कुछ इस प्रकार अन्योन्याश्रित होकर घटनाओं का ऐसा समुच्चय बना कि श्रेयस–सिद्धि के नाम से एक–दूसरे से अलग किया ही नहीं जा सकता। राष्ट्र संचालन के गंभीर दायित्व निर्वाह में जिस प्रकार नितांत निष्ठापूर्ण समर्पित सहायक की आवश्यकता होती है उसकी पूर्ति राम के लिए हनुमान के ही चरित्र में संभव थी। सांस्कृतिक मूल्यों की रक्षा का जो कार्य राम करना चाहते थे उसका पूरा होना हनुमान पर आश्रित था। रामत्व की स्थापना के लिए हनुमान का सम्मिलन अनिवार्य घटना थी। राम का सम्पूर्ण जीवन घटनाओं से भरा पड़ा है। राज्य के अधिकार से वंचित होने मात्र से उन्होंने राजधर्म की रक्षा के दायित्व से अपने को मुक्त नहीं माना था। राम राजपुरुष थे और कठिन स्थिति में भी वे यह कभी नहीं भूले कि *''जासु राज प्रिय प्रजा दुखारी, सो नृप अवस नरक अधिकारी''* यह वह कर्त्तव्य बोध था, जिसकी शिक्षा राजपुत्र के रुप में बालक राम ने ऋषिकुल में महान गुरुओं से पायी थी और जिसके कारण वे पुरुषोत्तम कहलाये। वनवास उनके लिए उदासीन जीवन के पर्याय का नाम नहीं था। वरन् सम्पूर्ण बिखरे राष्ट्र और जातियों को संगठित कर अन्याय और आंतक को निर्मूल करने का अर्थार्थी था। राम को अपने इस कार्य में दक्षिण के वन प्रदेशों में रहने वाली वानर जाति विशेष उपयुक्त प्रतीत हुई। जो कि अत्यन्त बलशाली, कर्त्तव्यपरायण और समर्पित जाति थी। इसी जाति समूह में हनुमान श्रेष्ठतम वीर, ज्ञानी और नीति निपुण थे। जिन्हें राम ने अपनी

कार्यसिद्धि के लिए सर्वाधिक उपयुक्त समझा और अपने उद्‌देश्य की प्राप्ति का अपरिहार्य अंग बना लिया।

राम के संपर्क में आये वानर कोई आज की भ्रान्त धारणा जैसे बन्दर या चतुष्पदी जीव नहीं थे। वे मानव समुदाय के वैसे ही श्रेष्ठ सामाजिक, राजनीतिक और सांस्कृतिक व्यवस्था के धनी होने के साथ–साथ अतुलित बलशाली, बुद्धिमान और समयानुकुल विद्याओं के भी ज्ञाता थे जैसे कि नर या राक्षस समुदाय के लोग थे। अर्थात वे नर अथवा राक्षस जाति से भिन्न कोई अन्य समूह के लोग थे।

हनुमान को युद्ध में मेघनाद ने परास्त कर और निश्चेष्ट पड़ा देखकर सन, बलकल और वृक्षों की छाल से बनी हुई रस्सियों से कसकर बांधा। यही बंधन और लांगुल हनुमान जी को लंका दहन में सहायक हो गया। आज भी वनों और पहाड़ों में रहने वाली जातियों के लोग कमर में मजबूत रस्सी जैसी मूंज आदि की घास लपेटे रहते हैं। जो बोझ ढोने या आपत्तिकाल में शत्रु से मोर्चा लेने के लिए प्रयोग में लायी जाती है।

वस्तुतः यह युगीन जातीय श्रेष्ठता की लड़ाई का परिणाम था। जिसमें तत्कालीन नर (मानव) और राक्षस समूह के जातीय अथवा सांस्कृतिक वर्चस्व में दोनों के बीच में पड़ने वाले दक्षिण के पहाड़ी क्षेत्र की वनचर (घुमंतु) जाति को अपने से ही समझकर उनको कहीं गणना लायक भी नहीं समझते थे और उन्हें वानर (वन में रहने वाला) पुकारते थे। स्वयं वानर भी दक्षिण में विकसित अपार भौतिक सम्पदा के धनी राज्य लंका और उत्तर के सांस्कृतिक विकास के धनी कौशल साम्राज्य के बीच उन्नति की दौड़ में अपने को अत्यंत पिछड़ी मानकर कुंठित थे।

हनुमान श्रेष्ठ भाषाविद् ज्ञानी थे। आध्यात्मिक ज्ञान और सिद्धि की प्राप्ति की दृष्टि से वानर अत्यन्त श्रेष्ठ थे। *''वने भवं वास इति वानर''* अर्थात वन नामक ब्रह्म में जो आनंद रस है। उसी का नाम वान है और

जो वान को प्रदान करते हैं, वे ही वानर हैं। बात मात्र इतनी है कि अपनी कठिन भौगोलिक स्थितियों के कारण दो विकसित संस्कृतियों के बीच वानर अपने अस्तित्व को बनाये रखने की दौड़ में बहुत पीछे रह गए। बाद में उन्हें बन्दर जैसे उपहास की मार झेलनी पड़ी। वास्तव में वानर शब्द बन्दर का सूचक न होकर वनवासी का द्योतक था।

वानरों के जीवन में भी एक उन्नत सामाजिक, सांस्कृतिक सभ्यता थी। जो वानर नरेश बाली की राज्य व्यवस्था से स्पष्ट है और हनुमान उस राम के राष्ट्रीय चरित्र के प्रति नितांत समर्पण का एकभाव, एक चेतना, एक जाग्रति है। जिसका जीवन एक विशाल राष्ट्र को रावण जैसे भय, उत्पीड़न, अव्यवस्था और दुर्नीत फैलाने वाले आततायी से मुक्ति दिलाने के लिए संकल्पित था।

राष्ट्र संचालन के लिए ऋषिकुल व्यवस्था को पुनर्स्थापित करना था। सामाजिक व्यवस्था हर ओर से पराजित हो चुकी थी। वेद–रीति और ऋषि धर्म से चलने वाला समाज पूर्णतः खंडित हो गया था। ऐसी स्थिति में राजा दायित्व बोध के अनुरूप सुव्यवस्था को पुनर्जीवित करने का राम ने एक संकल्प उठाया, जिसकी सफलता हनुमान के, राम के प्रति समर्पण से संभव हुई। राम का यह महान संकल्प ही राम–राज्य की स्थापना का कारण बना। राम को ऐसे ही गुण–सम्पन्न महापुरुष की आवश्यकता थी और स्वयं हनुमान का व्यक्तित्व एक ऐसे श्रेष्ठ धर्मी व्यक्तित्व में समाहित होने की प्रतीक्षा में था। जिसके अनुकूल उसके वैयक्तिक गुण विकसित हुए थे, तथा जो महासागर की विशालता में समाहित होकर स्वयं महासागर बनने योग्य था। श्री राम ही हनुमान के लिए राष्ट्र थे। सब कुछ थे और श्री राम ने जो राष्ट्र धर्म के आदर्श बनाये थे। हनुमान ने उनका ऐसा पालन किया और जिसने सिद्ध किया कि निश्चय ही सम्पूर्ण समर्पण के द्वारा ही राष्ट्र सेवा का एक निष्ठ संकल्प पूर्ण किया जा सकता है। राष्ट्र सेवा के लिए ही हनुमान ने अपना समर्पण किया था। अर्थात राम ही उनके राष्ट्र थे।

इसके उपरान्त सम्पूर्ण वानर दल के साथ श्रीराम ने लंका पर चढ़ाई कर दी। लंका पर चढ़ाई किसी लोभ वश नहीं की गई थी। रावण के आक्रमण से स्वदेश रक्षा हेतु किया गया यह एक प्रत्याक्रमण मात्र था। रावण स्वयं न कोई परधर्मी था और ना परकीय ही। वंश से वह भारतीय ही था। किन्तु स्वभाव से ही वह बड़ा विलासी एवं पहले दर्जे का महत्वाकांक्षी था अर्थात् जन्म से भारतीय हो कर भी उसकी वृत्ति राक्षसी बन चुकी थी। बहुत वर्षों पूर्व वह लंका में गया था। वहां के लोगों की संस्कृति और स्वभाव, वैभव से प्रेम हो जाने के कारण फिर वह वहीं पर बस भी गया। उसे भरतखण्ड का अच्छा ज्ञान था। इस रावण द्वारा भारत पर किए गए आक्रमण का अर्थ था– 'राक्षसी संस्कृति का भारतीय समाज व संस्कृति पर आक्रमण।' रावण स्वयं ही इस आक्रमण का नेतृत्व कर रहा था। राक्षसों की संस्कृति और समाज से रावण इतना घुल–मिल गया था कि वे लोग उसे स्वकीय के ही रुप में देखने लगे थे। किन्तु जब सीता जी की खोज के निमित्त हनुमान जी लंका में गए तो उन्होंने वहां के मूल निवासियों को इस बात का स्मरण कराया कि उनकी दृष्टि से तो रावण एक परकीय ही है। इसके साथ ही यह भी बतलाया कि अपनी वैभव लालसा से प्रेरित हुआ रावण ही तुम लोगों के भावी संकट (राम का आक्रमण) का मूल कारण है। इसके परिणामस्वरुप लंका निवासियों के मन में रावण के प्रति संदेह उत्पन्न हुआ और घर–घर में उसी बात की चर्चा सुनाई देने लगी। रावण और सेना में भी असंतोष और फूट ने जड़–पकड़ी, यही हनुमान ने लंका को आग लगाई का भाव है।

लंका की विजय के बाद उतावले लक्ष्मण ने श्रीराम के सन्मुख यह सुझाव रखा कि अब वे अयोध्या वापिस जाने के झमेले में न पड़ कर सुवर्णमयी लंका में ही आनंद के साथ राज्य करें। इस पर श्रीराम ने कहा कि लक्ष्मण लंका चाहे स्वर्णमयी ही क्यों न हो किन्तु मुझे यहां पर रहना रुचता नहीं। मेरी दृष्टि में जननी और जन्मभूमि स्वर्ग से भी अधिक श्रेष्ठ है। अर्थात लंका में मुझे भोगमय जीवन का लाभ हो

सकता है। किन्तु उसमें मुझे कोई आनंद न होगा। इसलिए जिनका मुझ पर ऋण है। जिनकी आशा, आकांक्षा मुझ पर केन्द्रित हो चुकी हैं, जो लोग बड़ी आतुरता के साथ मेरी बाट जोह रहे होगें और जिनके प्रति आत्मीयता की भावना मेरे अंतःकरण में ओतप्रोत है। उन्हें छोड़कर यहां पर मैं कदापि नहीं रह सकता। जिस कर्त्तव्य की पूर्ति हेतु मैं यहां पर आया था। वह कार्य अब पूर्ण हो चुका है। यहां के वैभव की लालसा मुझे नहीं है। मैं अपनी प्रजा से दूर नहीं रह सकता। अपना शेष जीवन अब मैं उन्हीं के साथ व्यतीत करूंगा।

अंत में जीते हुए राज्य की व्यवस्था उन्होंने विभीषण को सौंपी। श्री राम की इस कृति से हमें भारतीय राजनीति का परमोच्च आदर्श प्रकट हुआ दिखाई देता है। सभी प्रकार के उपभोग करते हुए भी ह्दय से पूर्णता अनासक्त रहने वाले और स्वयं को केवल प्रजा का विश्वस्त मानकर केवल समाज सेवा के लिए ही अपने सम्पूर्ण जीवन का बलिदान करने की धारणा रखने वाले एक अटल कर्मयोगी के समान ही श्री रामचंद्र की भूमिका थी। राज्य का भोगशून्य स्वामी रहने तथा प्रजा के कल्याण हेतु प्रत्येक सुख का परित्याग करने की सिद्धता रखने की प्रतिज्ञा के साथ ही श्रीरामचन्द्र ने अयोध्या जाने पर सिहांसन ग्रहण किया था और अपने इस व्रत की पूर्ति हेतु देवी सीता का भी त्याग करने में वे हिचके नहीं थे।

अंततः राजा के गुणों का उपयोग समाज हित के लिए ही होना है। समाज एक विशाल राष्ट्र पुरुष है और समाजान्तर्गत विभिन्न वर्ग अथवा वर्ण हैं उसके अवयव। अतएव उनमें से किसी भी एक अवयव का उन्मत्त होकर अपने आप को अदण्ड्य समझना केवल समाज हित के लिए ही नहीं प्रत्युतः उस वर्ग विशेष के हित की दृष्टि से भी हानिकारक ही है। समाज धारणा का वास्तविक अर्थ अथवा धर्म तो यही है कि सभी अंग समान भाव से एक होकर समाज की उन्नति का प्रयास करें क्योंकि इसमें सभी का कल्याण निहित है। अतः अपने

सामर्थ्य के द्वारा समाज की रक्षा और सेवा करने के व्रत को भुलाकर यदि राजा निज को अदण्ड्य मानने लगे तो समाज धर्म के शाश्वत नियम से मैं उसका नियंत्रण करुंगा। यही बात समाज मानो इस प्रसंग पर राजपुरोहित के मुख से राजा को चेतावनी देकर कहता है। सम्पूर्ण देश में घूम–घूम कर तथा दिग्विजय प्राप्त करके जिस समय यज्ञ का अश्व लौट कर आता है। उस समय क्षत्रिय शक्ति को उन्माद होना भी एक दृष्टि से स्वाभाविक ही होता है। ऐसे समय क्षत्रिय शक्ति पर रहने वाले धर्म के नियंत्रण का सुस्पष्ट ज्ञान करा देना ही विधि का उद्देश्य है।

इस प्रकार इस विधि के रुप में समाज हित की दृष्टि से परमावश्यक एक नूतन तत्व सिखाया गया। राजा का सारा पराक्रम और पुरुषार्थ वास्तव में प्रजा के बल पर सफल हुआ करता है और वह शक्ति समाज की ही हुआ करती है। इसी का ध्यान रखकर *"संतो तपसा भूमिः धारयति"* अर्थात संत लोग अपनी तपस्या के बल पर समाज हित पोषक विचार एवं आचार का निर्माण कर क्षात्रबल के सहकार्य से राष्ट्र की धारणा करेंगे। ऐसी परंपरा या नियम इसी समय से रुढ़ हुआ। हमारे राष्ट्रीयत्व का यह वैशिष्ट्य बहुत ही ध्यान देने योग्य है। अर्थात् वनों में रहकर केवल समाज हित का ही ध्यान रखने के निमित्त स्वार्थ शून्य एवं तपस्वी जीवन बिताने वाले ऋषि मुनि, देश के लिए आवश्यक नियमों की योजना किया करें और उन्हीं नियमों के अनुसार राजा, प्रजा का शासन करें।

परशुराम जी का सिद्धांत था कि केवल हाथ में शस्त्र लेकर युद्ध करने वाला व्यक्ति ही क्षत्रिय कहलाने का पात्र नहीं हो जाता वरन् भोग, लालसा तथा प्रतिष्ठा प्राप्ति की भावना का शिकार बनकर अविश्वास एवं सतर्कता का अहर्निश आश्रय लेकर वर्धिष्णु और विजिगीषु सत्ता सम्पादन करने वाले व्यक्ति को ही क्षत्रिय कहा जाता और यही कारण है कि जनता के संरक्षण का दायित्व अपने सिर पर

लेने के बहाने सभी को बलपूर्वक निःशस्त्र बनाने वाले सहस्रार्जुन के विरुद्ध ही उन्होंने सर्वप्रथम युद्ध घोषित किया था। उनके विचार में वही सच्चा क्षत्रिय था और इस प्रकार अपने पराक्रम से जनता का दमन करने वाले किसी भी व्यक्ति का अस्तित्व उन्हें एक दम असह्य था।

परशुराम का यह आग्रह था कि भारतवर्ष में ऐसा कोई भी पुरुष नहीं होना चाहिए। जो आगे चलकर उसकी उद्दण्डता को नियंत्रित करना असंभव हो, और इस प्रकार अनियंत्रित सत्ता के एक बार हाथ में आ जाने पर उसका उन्मत होना भी अवश्यंभावी है। चाहे फिर वह व्यक्ति पहले कितना ही सत्यव्रत क्यों न रहा हो। यदि हम कहें कि उनका दृष्टिकोण स्वानुभाव का ही परिणाम था, तो वह अनुचित नहीं होगा। उनकी यह दृढ़ धारणा थी कि ज्ञानोपासना के द्वारा निस्वार्थ समाज–सेवा करने वाला निर्धन ब्राह्मण ही भारतीय समाज का केन्द्र और आधार है। इसीलिए उक्त प्रकार की अनियंत्रित सत्ता का उपभोग करने वाले सहस्रार्जुन के विरुद्ध शस्त्र उठाने के लिए उन्हें बाध्य होना पड़ा था।

एक दृष्टि से देखा जाए तो परशुराम और दाशरथी–राम परस्पर पूरक और परस्पर पोषक ही थे। परशुराम ने जहां तक सूत्र को लाकर छोड़ा था। वहीं से उठाकर दाशरथी श्री राम ने उसे आगे बढ़ाया। एक के द्वारा डाली गई दृढ़ नींव पर दूसरे ने एक प्रमाणबद्ध भव्य मंदिर का निर्माण किया। परशुराम समाज के हित के लिए ही तत्वों की निस्वार्थ पूजा चाहते थे। ठीक उसी प्रकार जिस बात का केवल अनुभव मात्र ही परशुराम को अपने जीवन के अन्तिम काल में हो सका था किन्तु जिसको प्रत्यक्ष व्यवहार में घटित नहीं कर सके थे। उसी मर्यादा पालन की महानता दाशरथी श्री राम के जीवन में ठीक बाल्यकाल से ही होने लगी थी। समाज की धारणा एवं संस्कृति के विकास के ध्येय को उन्होंने कभी भी अपनी आखों से ओझल न होने दिया। उसी नीति के अनुसार हिंसा–अहिंसा व्यक्ति धर्म व समाज धर्म एवं क्षत्रियत्व और

ब्राह्मणत्व आदि की मर्यादायें उन्होंने अपने प्रत्यक्ष आचरण से सिद्ध कर दिखाई। इसीलिए उन्हें मर्यादा पुरुषोत्तम का विरुद प्राप्त हो सका।

धर्म के अर्थात् समाज धारणा के तत्व ही रहस्य सहित एवं सोदाहरण निहित हैं। परशुराम कृत क्षत्रिय संहार, वशिष्ठ, विश्वामित्र का संघर्ष तथा राक्षसी संस्कृति के भीषण आक्रमण आदि रूपों में जो समस्या हमारे समाज नेताओं को सदियों से भयभीत किए हुए थी उसी का हल श्रीराम ने समन्वय की पद्धति से खोज निकाला। उन्होंने भारतीय राष्ट्रीयत्व को एक मूर्त स्वरुप प्रदान किया और सुस्थिर शांतिमय एवं प्रगतिमान समाज जीवन का संचालन करने वाली एक आदर्श राज्य पद्धति अर्थात् स्वराज्य पद्धति का निर्माण किया। वही रामराज्य की कल्पना है।

किन्तु यह रामराज्य किसी एक ही व्यक्ति की शक्ति और बुद्धि पर आधारित द्वारिका के समान नहीं था। रामराज्य की संस्थापना के श्रेय में श्रीराम के समान ही अयोध्या की जनता भी सहभागी है। इस जनता ने महर्षि वशिष्ठ की विशिष्ट शासन प्रणाली का अभिमान रखते हुए विश्वामित्र के परचक्र का दो बार सफल प्रतिकार किया था और तीसरी बार हरिश्चन्द्र की अनुचित उदारता का लाभ उठाकर सत्ताधारी बने हुए विश्वामित्र का शासन भी चलाना असंभव कर दिया था। तीनों ही बार उसे अगणित कष्ट झेलने पड़े थे। किन्तु फिर भी उसने अपनी राजनिष्ठा को पूर्णतः निष्कलंक ही बनाये रखा। श्रीराम के शासन काल में इस जनता की तेजस्विता मानो अपने परमोच्च शिखर पर पहुंची हुई दीख पड़ती है। कहना न होगा कि किसी के भी सामने न झुकने वाले श्री राम को केवल अपनी निष्ठा के बल पर ही इस जनता ने झुका लिया था।

इस रामराज्य का आधार रुप अथवा उसे धारण करने वाला एक विशाल संगठन भी श्रीराम ने निर्माण किया था। दैवी सम्पत्ति पर

आधारित भारतीय संस्कृति को पाया मानकर, उस संस्कृति की रक्षार्थ एवं विकासार्थ राष्ट्रीय *भावनाधिष्ठित* संगठन का उन्होंने निर्माण किया और उसके बल पर किया त्रिभुवन विजयी मदोन्मत्त रावण का संहार। सहस्रार्जुन ने स्वार्थी लोगों का व्यक्तिनिष्ठ संगठन खड़ा किया। जबकि परशुराम की संगठना अमूर्त तत्वाधिष्ठित थी। उसमें स्वार्थी को तनिक भी स्थान नहीं था। इसीलिए वह अधिक समय तक कभी भी टिक न सकी। मानव की रचना पशुत्व और देवत्व के सम्मिश्रण से की गई है। पशुत्व के अंश को क्रमशः कम करते हुए देवत्व की ओर प्रगति करना ही मानव संस्कृति का ध्येय है। परन्तु परशुराम को यह धीमी चाल वाला ध्येय पसंद न था। इसीलिए कई बार प्रयत्न करते हुए तथा क्षत्रिय संहार के रुप में समाज को दुर्बल बनाने के पाप को सिर पर लेने के बाद भी उन्हें सफलता का दर्शन न हो सका और अंत में निराश होकर उन्हें वह मार्ग ही छोड़ देना पड़ा। परशुराम के कार्य की इस कमी को श्रीराम ने बड़े ही सुंदर ढंग से पूर्ण किया। मानो कि परशुराम के अपूर्ण कार्य को ही उन्होंने पूर्णता प्रदान की। श्रेष्ठ तत्वों की साक्षात मूर्ति स्वरुपिणी अपनी मातृभूमि की गरिमा और भक्ति यह थी कि उनके संगठन का सबल आधार व्यक्ति निष्ठा एवं तत्वनिष्ठा का वह एक सुंदर समन्वय था। सम्पूर्ण समाज एक पुरुष है और मैं हूँ उसका अवयव। यही था उस संगठन के घटकों का जीवन सूत्र उसमें छोटे–बड़े अथवा उच्च–नीच का कोई भेदभाव न था। समाज के जीवन में स्वयं विलीन होना ही प्रत्येक की आकांक्षा थी और उसी में था प्रत्येक घटक के जीवन का साफल्य। इस भूमिका को स्वयं श्रीराम ने आचरण में उतार कर दिखाया। समाज की इच्छा के सन्मुख अपनी उन्नत ग्रीवा नत करते हुए उन्होंने उज्ज्वल राष्ट्रनिष्ठा का अभूतपूर्व आदर्श प्रस्तुत किया। संगठन के लिए न्याय एवं चिरस्थाई आधार की योजना उन्होंने की। इसीलिए संगठन शास्त्र के एक–एक सर्वश्रेष्ठ आचार्य के नाते उनकी कीर्ति अजरामर हुई है।

इस प्रकार अपने समाज के जीवन में बाधक सिद्ध होने वाली तथा सहस्रों वर्षों तक बड़े–बड़े पुरुषों तक को उलझन में डाले रखने वाली अनेकों समस्याओं के अचूक हल श्री राम ने अपनी कार्य कुशलता के बल पर खोज निकाले तथा भारत के राष्ट्र जीवन को पूर्णत्व प्रदान करके, उसके लिए जगत गुरुत्व का मार्ग भी खोज दिया। इसीलिए भारतीयों के हृदय सम्राट की पदवी उन्हें प्राप्त हुई और एक अनुपम आदर्श के रुप में वह आज तक अक्षुण्ण भी है।

८

भगवान श्रीकृष्ण

श्री कृष्ण जन्म के समय देश में कुछ सीमा तक वही स्थिति पुनः निर्माण हो चुकी थी, जोकि पहले परशुराम जी के समय में थी। कंस, शिशुपाल, जरासंध आदि राजागण उच्छृंखल होकर आस–पास के छोटे–छोटे राजाओं को दबाते हुए दिखाई देते थे। प्रजा पालन की ओर उनका तनिक भी ध्यान नहीं था।

ऐसी परिस्थिति में श्री कृष्ण का जन्म हुआ। अन्याय एवं अत्याचार के प्रतिकार का कंकण बांधकर ही मानो उन्होंने अपने भूलोक के वास्तव्य का श्री गणेश किया था। अपने सखाओं का सरंक्षण करने के सैकड़ों प्रसंग–उनमें सुप्रसिद्ध अघ नामक असुर का वध, पूतना का संहार, गोवर्धन पर्वत को उठाते हुए गोकुल की रक्षा, कालिया मर्दन के द्वारा यमुना तट को निष्कंटक करना आदि कार्य उन्होंने बचपन में ही संपन्न किए थे। कंस के घोर अत्याचारों का ज्ञान भी उन्हें होगा ही। किन्तु साधारणतया कंस का वध होने तक उनका मार्ग स्पष्ट नहीं था। अपनी शक्ति के अनुसार उस समय तक वे अन्याय एवं अधर्म का प्रतिकार भर करते रहे थे। परन्तु बाद में संदीपन ऋषि के आश्रम में अध्ययन करते समय तथा सम्पूर्ण राष्ट्र की सर्वसाधारण परिस्थिति का गंभीर विवेचन कर चुकने पर उनके विचार स्थिर हुए होंगे। परशुराम इतिहास से पाठ ग्रहण करते हुए उन्होंने स्वयं ही अपना मार्ग विचार पूर्वक निर्धारित किया होगा और यथाशक्ति सभी प्रकार के प्रयत्नों के द्वारा क्षत्रिय वर्ग में स्वकर्त्तव्य की भावना जाग्रत करने का उन्होंने निश्चय किया होगा।

यदि राजागण अत्याचारी बनकर अपनी परंपरा का विध्वंस करना प्रारंभ कर देते हैं तो समाज की सुरक्षितता नहीं रह पाती। इस प्रकार का यह सर्वनाश श्री कृष्ण खुली आखों से नहीं देख सकते थे फिर भी अत्याचारी राजाओं से निपटने का कार्य स्वीकार करने के पूर्व उन्हें यह आशा थी कि वे उन राजाओं की मनोवृत्ति में समुचित परिवर्तन निर्माण कर सकेंगे। इसीलिए श्री कृष्ण ने उनके कई अपराध सहन किए थे। किन्तु जब उनकी यह आशा पूर्णतया व्यर्थ सिद्ध हो चुकी तो फिर उन्होंने उन राजाओं का पतन करने मे भी कोई आगा–पीछा नहीं सोचा।

भारतीय परंपरा का यह आग्रह है कि अत्याचारी चाहे स्वजन ही क्यों न हो, यदि वो एक विशिष्ट मर्यादा का अतिक्रमण करते हैं तो उन्हें कदापि क्षमा न किया जाए। इस परंपरा का अनुसरण करते हुए

ही श्री कृष्ण ने कंस, शिशुपाल जरासंध आदि का वध किया। मदोन्मत राजाओं को भी सुविचार के अनुसार आचरण करने का अवसर प्रदान करने के उदात्त हेतु से प्रेरित होकर तथा राजाओं के पारस्परिक संघर्ष से निर्दोष प्रजा को होने वाले कष्टों को टालने की भावना से उन्होंने अपनी मथुरा नगरी का त्याग करते हुए सुदूर द्वारिका में एक नवीन उपनिवेश की स्थापना की।

समूचा क्षत्रिय वर्ग बुरा नहीं होता। अतः एक विशिष्ट सीमा तक क्षत्रियों को सुधारने का प्रयत्न किया जाना चाहिए। यही थी श्री कृष्ण की नवीन नीति। युवा धर्म के अनुसार निर्धारित इसी नीति का पालन करते हुए उन्होंने शिशुपाल के सौ अपराध क्षमा किए थे। किन्तु इतने पर भी जब उसके सन्मार्ग पर आने के कोई भी लक्षण न दिखाई दिए तब विवश होकर ही उन्होंने शिशुपाल का वध किया। कंस का भी उसके पापों का घड़ा पूर्ण रुप से भर जाने के बाद ही वध किया गया था।

उस समय श्री कृष्ण का नेतृत्व स्वीकार करने वाले कई महान व्यक्तियों ने क्षत्रिय संहार तथा आत्मनाश की बड़ी भारी राष्ट्रीय आपत्ति को टालने के उद्‌देश्य से अपमान और अन्याय सहन किए। उनकी सहनशीलता की मानो तो कोई सीमा न थी। समाज के नेताओं में गिने जाने वाले तत्कालीन लोगों में सहनशीलता की यही भावना समान रुप से परिलक्षित होती है। अन्याय का प्रतिकार करने की शक्ति उनमें नहीं थी। अतः समाज की क्षात्रवृति का सरंक्षण करने के निमित्त समाज हित की दृष्टि से कुछ लोगों को कष्ट झेलने ही चाहिए। ऐसी उदात्त एवं त्यागपूर्ण भावना भी उनके उक्त प्रकार के आचरण के मूल में थी।

स्वराष्ट्र के प्रति प्रेम व भक्ति अथवा हृदय की विशालता एवं सौजन्य के गुण काल प्रवाह में होने वाले संस्कारों से ही निर्माण हुआ करते हैं। कोई भी व्यक्ति केवल अपनी ही इच्छानुसार कुछ भी विशेष

नहीं कर सकता। व्यक्ति तो प्रवाह की एक बूंद के समान है। पिछली जल राशि उसे आगे की ओर ढकेलती रहती है। और उसका आगे का मार्ग उसके पूर्ववर्ती प्रवाह द्वारा निर्धारित किया हुआ रहता है। समूचे समाज में जो संस्कार रुढ़ हुए रहते हैं, उनके सन्मुख व्यक्ति लाचार होता है और उन संस्कारों के कारण जो प्रवृत्ति निर्माण होती है। उसके अनुसार ही वह व्यवहार किया करता है। व्यक्ति समाजशरण है। इसी बात को काल, गति, नियति अथवा दैव आदि शब्दों के द्वारा व्यक्त किया जाता है।

इस प्रकार श्री कृष्ण द्वारा दुष्टों को सुधार का अवसर दिये जाने पर उन्हें समझाने–बुझाने का प्रयत्न किए जाने पर तथा आत्मीयता की भावना से अपमान सहन करने पर भी इच्छित फल कुछ न निकला क्योंकि मनुष्य तो संस्कारजन्य श्रद्धा के अनुसार ही आचरण किया करता है। एक बार अन्याय के मार्ग से भोग प्राप्ति का चस्का लग जाने पर फिर उसकी बुद्धि सन्मार्ग की ओर मुड़ ही नहीं पाती। ऐसी अवस्था में उस प्रकार के व्यक्तियों का संहार किया जाना ही अनिवार्य हो जाता है। दुष्ट प्रवृत्तियों के नाश का एक ही उपाय है, वह यह है कि उनकी जड़ें ही न जमने देना। अतः समाज के प्रत्येक व्यक्ति पर जन्म से ही राष्ट्र निष्ठा के संस्कार डालने वाली योजना का निर्माण आवश्यक है। जीर्ण–शीर्ण भवन को गिराए बिना जिस प्रकार उस स्थान पर नवीन भवन का निर्माण नहीं किया जा सकता है, उसी प्रकार विद्यमान दुष्टों का नाश हुए बिना नवीन पीढ़ी के लोगों पर इष्ट संस्कारों का डाला जाना भी संभव नहीं हो सकता। इसीलिए आगे चलकर उक्त समाज नेताओं की यह धारणा दृढ़ हुई कि तत्कालीन दुष्टों का नाश शीघ्र–अतिशीघ्र होना चाहिए। इस दृष्टि से वे लोग स्पष्टतया प्रयत्नशील भी दिखाई देते हैं।

एक मानव के शरीर से सबंधित यह सिद्धांत समाज पुरुष के संबंध में भी उसी प्रकार लागू होता है। हम देखते हैं कि उस समय समाज

पुरुष के शरीर पर शल्य क्रिया की जाने की बात काल प्रवाह के द्वारा ही सुनिश्चित की जा चुकी थी, फिर उसे आखिर टाल ही कौन सकता था लेकिन दुष्ट बुद्धि वाले लोगों का समाज से उठाया जाना ही अभीष्ट है। इसके बिना समाज का सुधार होना असंभव है। उत्थान के युग को आमंत्रित करने के निमित्त इतना बलिदान तो अत्यावश्यक ही है। भावी संहार दुःखजनक तो अवश्य है, किन्तु अपने कर्त्तव्य को पहचानते हुए तथा समाज के भावी कल्याण की ओर दृष्टि रखते हुए हम लोग रणक्षेत्र में मृत्यु का सहर्ष आलिंगन करेंगे।

स्वकर्त्तव्य की पूर्ति ही परम धर्म है। किन्तु इस बात का अहंकार व्यर्थ है कि मैं कुछ कर रहा हूँ। वास्तव में मैं तो केवल निमित्त मात्र ही हूँ। ऐसी अनासक्त वृत्ति के आचरण की शिक्षा श्री कृष्ण ने उस समय गीता के द्वारा संसार को दी। जिस समय मोह के वशीभूत हो अर्जुन कर्तव्यच्युत होने जा रहा था, उस समय श्री कृष्ण ने उसे बतलाया– "अरे संभ्रम को दूर हटा। तेरे सामने खड़े हुए इन योद्धाओं की मृत्यु सुनिश्चित है। उनकी मृत्यु के द्वारा ही समाज का कल्याण होने वाला है। अतः कर्मफल की चिंता न करते हुए तू अपना काम यथाशीघ्र पूर्ण कर ले।" इति।

कुरुक्षेत्र में सुष्ट और दुष्ट सभी भस्म हुए थे। सूखे के साथ गीले भी स्वाहा हुए। भीषण रक्तपात और शक्तिपात के कारण समाज का दुर्बल बन जाना स्वाभाविक ही था और जो शौर्य सम्पन्न लोग किसी न किसी कारणवश युद्ध से अलिप्त रहे थे। उन्हें युद्ध की समाप्ति के पश्चात सभी ओर छाई हुई उदासीनता और निर्जनता अखर रही थी। इसीलिए उन्होंने भारत बाह्य देशों में जाकर बसने का उपक्रम प्रारंभ किया। इन क्षत्रियों के बाहर जाने तथा विशेषकर महाभारत युद्ध में हुए क्षत्रिय संहार के कारण यहां का समाज सर्वथा निष्प्राण और निस्तेज बन गया। यह स्थिति एक सुदीर्घ काल तक बनी रही।

उस काल में सम्पूर्ण देश बिखरी हुई अवस्था में था। यत्र–तत्र छोटे–मोटे राजागण राज्य कर रहे थे। कहीं–कहीं तो जनतंत्रीय राज्य भी निर्माण हुए थे। सामाजिक वातावरण में व्यापक राष्ट्रीय भावना का चैतन्य लुप्तप्राय ही था। व्यक्तिवाद तथा संकुचित स्थानीय व साम्प्रदायिक अभिमान का जोर था। मृत्यु के उपरान्त सद्गति प्राप्त होने की भावना से की जाने वाली यज्ञादि विधियों का आडंबर सभी ओर जोर से फैल रहा था। जिसे देखिये वही यज्ञ करता दिखाई देता था। मूल उद्देश्यों के विस्मरण एवं विपर्यास के कारण कालांतर से यज्ञ संस्था की किस प्रकार अवनति हुई होगी।

ऐसी विषम परिस्थितियों में श्री कृष्ण ने समाज के लिए, मानव जाति के लिए कीर्ति का बलिदान तक देकर संरक्षण किया और युधिष्ठिर का अभिषेक कर पुनः राष्ट्रीय एकात्मता के अभिमान में प्राण–प्रण से जुट गए। सम्पूर्ण भारत में एक छत्र अखण्ड भारत का स्वरूप स्थापित किया, लेकिन जो आर्य राष्ट्र का नेतृत्व कर रहे थे, वे सब भ्रष्ट होकर राजसत्ता के दास बन गये। और धर्म मूल्यों की रक्षा के बदले, हाथों में शस्त्र लेने के बदले, राजसत्ता के प्रसाद के लिए शस्त्र की शोभा बढ़ाते हुए दिखाई देने लगे। अतः श्री कृष्ण ने पुनः राष्ट्रीय एकात्मता एवं धर्म मूल्यों की खातिर पुनः सबका वध करना ही श्रेयस्कर समझा। अतः श्री कृष्ण ने साध्य की पवित्रता को और अंतिम विजय पर लक्ष्य केन्द्रित करने का मार्ग भावी भारत– संतान को दिखाकर श्री कृष्ण सत्ताधारी दुर्जनों, यहां तक कि अपने ही उच्छृंखल यदुवंशियों का दमन कर, नवीन परंपरा का प्रादुर्भाव किया और साम्राज्य सिहांसनों और राज सिंहासनों को धूल में मिला दिया और आसुरी राजमुकुटों को ठुकराकर धर्म नियंत्रित साम्राज्य की स्थापना की। उनके द्वारा निर्मित धर्म साम्राज्य की महत्ता इतनी अधिक थी कि वे अजर–अमर हुई मानव जाति को शाश्वत कल्याण का मार्ग दिखाने वाले दृष्टा के रुप में भगवान श्री कृष्ण का जो महत्त्व है वह शाश्वत है। धर्म साम्राज्य के संस्थापक श्री कृष्ण का ऐतिहासिक महत्व है।

दुर्भाग्यवश इस सूर्य के अवसान के पश्चात जिस आंडबर ने महाभारत युद्ध के बाद उग्र रूप लिया था, उन्हीं आंडबरों की सुलगती आग ने पुनः लपटों के रूप में अपना अस्तित्व प्रकट कर दिया। सम्पूर्ण देश में फिर से यज्ञ, बाह्य आंडबर आदि मनोरंजन के ही कार्यक्रमों के रुप में प्राबल्यता से दिखाई देने लगे और कभी–कभी तो ये उत्सव संगठन–विघटन के कारणभूत होने लगे। चारों तरफ भाग्य भरोसे अकर्मण्यता, पाखण्ड, मिथ्याचार का बोलबाला हो गया एक बार पुनः भारत को अवनति के रसातल में जाने के लिए बाध्य होना पड़ा। सभी जन अपने मूल कर्त्तव्यों को भुलाकर स्वार्थ साधना में लिप्त होने लगे और मानव–जगत का भाग्य राष्ट्र की अवनति के साथ सदा के लिए मानो सो गया।

महात्मा बुद्ध

१

महात्मा बुद्ध

श्री कृष्ण के निर्वाण के पश्चात जो अराजकता ने पैर पसारे थे। ऐसी ही दुर्घर्ष परिस्थिति में गौतम बुद्ध का अवतार हुआ अर्थात बौद्धिक और सामाजिक वातावरण में फैली हुई एक प्रकार की अराजकता की उक्त विचित्र परिस्थिति में गौतम बुद्ध ने जन्म लिया। उन्होंने समाज को नवीन विचार देने का प्रयत्न किया। उनकी शिक्षा मानो निरर्थक कर्मकाण्ड के अतिरेक की प्रतिक्रिया मात्र ही थी। उस समय कार्य– कारण भाव तथा मानवीय कर्त्तव्य को सभी भुला चुके थे। इसलिए दैव अथवा परमेश्वर पर निर्भर रहना व्यर्थ है। अपना स्वयं का कर्म ही अपने को तारक या मारक सिद्ध हुआ करता है। केवल वही हमारे साथ जाता है। उसी का फल हमें भुगतना पड़ता है। ऐसा नवीन संदेश बुद्ध ने दिया। इस प्रकार हमारे समाज की लुप्त प्रायः कर्म चेतना को जागृत करने तथा उसके द्वारा समाज के दुख–दैन्य एवं दारिद्रय को दूर करने में वे प्रयत्नशील हुए। यज्ञ–यज्ञान्तर्गत निष्प्राण कर्मकाण्ड में निहित हिंसा के विरुद्ध प्रचार करते हुए उन्होंने कर्मजन्य सात्विक आनंद प्राप्ति का संदेश सभी ओर प्रसारित किया। उनका उपदेश सीधा और सरल या एक दृष्टि से पुरुषार्थ पूर्ण भी था।

किन्तु यज्ञ–यज्ञादि निरर्थक कर्मकाण्ड के विरुद्ध मोर्चा लेने वाले बुद्ध को जब यह बात विदित हुई कि वेद, यज्ञ, यज्ञादि कर्मो की पुष्टि करते है। तब उन्होंने *"इंद्राय तक्षकाय स्वाहा"* वाले न्याय के अनुसार वेदों के विरुद्ध भी विद्रोह की घोषणा कर दी। वास्तव में वेद तो समाज के चिरंतन कल्याण की चिंता करते हुए उस ध्येय की प्राप्ति हेतु व्यक्ति के हृदय में व्यक्तिगत एवं सामाजिक कर्त्तव्य की प्रेरणा उत्पन्न करने वाले हमारे आदि ग्रंथ हैं संभवतया बुद्ध के ध्यान में वेदों का यह स्वरुप नहीं आ सका। चाहे कितना ही बलशाली क्यों न हो फिर भी जब उससे पौधा निर्माण होता है तो उसे आश्रय एवं संरक्षण की आवश्यकता होती है। उसी प्रकार किसी बलशाली समाज के घटकों के सम्मुख भी यदि श्रेष्ठ एवं कर्त्तव्यशील जीवन के आदर्श निर्माण न किए जायें तो उन घटकों का समुचित विकास नहीं हो सकता। यदि

ये आदर्श अपने ही पूर्वजों के हों तो और भी अधिक लाभप्रद सिद्ध होते हैं। इस दृष्टि से भारतीय समाज के चरित्र गठन के क्षेत्र में वेदों का स्थान एक अखण्ड स्फूर्ति स्रोत समान ही था क्योंकि वेदों में तत्व ज्ञान संबंधी ऋचाओं की संख्या बहुत ही कम है। जबकि भारतीय समाज के इतिहास और परंपरा का वर्णन करने वाली आख्यायिकाओं का अत्यधिक बाहुल्य है। परिणामस्वरूप वेद अध्ययन का आश्रय लिये जाने पर समाज के सभी घटकों के सम्मुख श्रेष्ठ कर्म करने वाले भूतकालीन पुरुषों के आदर्श स्वाभाविक ही बने रहते हैं और अपने पूर्वजों का पदानुकरण करने तथा उन्हीं के समान उज्ज्वल एवं भव्य भविष्यकाल निर्माण करने की आत्मश्रद्धार्थी भी समाज में उत्पन्न होती है। अतएव वेदों के प्रति समाज में अनादर की भावना का प्रसार होते ही ऐसा प्रतीत होने लगा कि मानो सामाजिक जीवन की नींव ही नीचे से खिसक गई हो।

गौतम बुद्ध ने तो पूर्व परंपरा का विरोध और निषेध ही किया था। इनके साथ ही उनके अलौकिक व्यक्तित्व के कारण उनके अनुयायियों में सामान्यतः साम्प्रदायिकता भी उत्पन्न हुई और अपने अनुयायियों को शेष समाज से अलग करते हुए उन्हें उसी रुप में अलग संगठित करते हुए तथा एक सुव्यवस्थित प्रचार तंत्र का निर्माण करके उसके द्वारा सभी ओर अपने मत का प्रचार करने का प्रयत्न सर्वप्रथम बुद्ध ने ही किया था। इसलिए बुद्ध अनुयायियों की यह धारणा बन गई कि बुद्ध को अपना मार्गदर्शक मानने, बुद्ध सम्प्रदाय का अभिमान रखने तथा उस सम्प्रदाय के ही प्रचारार्थ निर्माण किए गए प्रचार तंत्र में स्वयं को विलीन कर देने में ही अपने जीवन की इतिकर्त्तव्यता है। इस साम्प्रदायिक अभिमान के कारण स्वाभाविकतया ही उनकी कर्त्तव्य शक्ति का चरमोत्कर्ष हुआ।

इस सारी दौड़–धूप के फलस्वरुप सम्प्रदाय का विस्तार तो अवश्य हुआ, किन्तु आचार व्यवहार को प्रेरणा प्रदान करने वाले संकल्पों

अथवा मनोवृत्तियों में कोई विशेष अंतर न पड़ा। बुद्ध के पूर्वकालीन लोग यदि व्यक्तिगत मोक्ष प्राप्ति की लालसा से हिंसामय यज्ञ करते थे तो अब लोग अपनी निर्वाण प्राप्ति की इच्छा से गौतम बुद्ध के उपदेशों का प्रचार करते हुए इधर–उधर भटकने लगे। साधनों में परिर्वतन होते हुए भी समाजांतर्गत घटकों का हृदयस्थ ध्येय अथवा साध्य वस्तु में कोई भी अंतर नहीं हुआ। समाज धारणा की दृष्टि से परमावश्यक समष्टि जीवन की भावना को पुनर्जीवित करते हुए राष्ट्रहित की ओर ध्यान देने की शिक्षा की आवश्यकता तो इस काल में किसी को भी प्रतीत हुई नहीं दिखाई देती। महात्मा गौतम बुद्ध स्वयं तो प्रयत्नपूर्वक वैराग्य सम्पन्न बन चुके थे। उनका हृदय विशाल हो चुका था। अतएव राष्ट्रदर्शन एवं राष्ट्रहित बुद्ध की बातें उन्हें संकुचित प्रतीत होती थीं। विश्व बंधुत्व की भी भावना से ऊपर उठते हुए भूत मात्र पर प्रेम करने की उच्चतर सीढ़ी पर वे स्वयं आरुढ़ हो चुके थे। उनकी तुलना में शेष समाज तो अभी भी बहुत ही नीचे पड़ा हुआ था, किन्तु अपने हृदय की विशालता के कारण यह बात उनके ध्यान में न आ सकी।

इसीलिए व्यक्ति के क्रमबद्ध विकास की कुछ भी व्यवस्था न करते हुए उन्होंने हर किसी को एक प्रव्रज्या का ही उपदेश दिया। गौतम बुद्ध के बारे में भी ठीक यही बात हुई, इसीलिए बुद्ध निर्वाण के कुछ ही काल पश्चात बुद्ध सम्प्रदाय में कल्पनातीति अनीति फैली दिखाई दी। एक ओर समाज निरपेक्ष एवं सम्प्रदायनिष्ठ जीवन और दूसरी ओर बुद्ध विहारों में निरंतर वृद्धिगत होती हुई अनीति के कारण उस समय समूचे समाज के नष्ट होने की आशंका उत्पन्न हो उठी।

पूर्व परंपरा का निषेध तथा क्रमबद्ध विकास योजना की उपेक्षा के कारण स्वयं गौतम बुद्ध के शिष्य भी उनके उपदेशों को भली भांति ग्रहण नहीं कर सके थे और मूल स्त्रोत में ही जल न हो तो फिर वह सरिता में कहाँ से आए अर्थात् उनके शिष्य–प्रशिष्य तो महात्मा गौतम बुद्ध के वास्तविक उपदेशों के संबंध में और भी अधिक अज्ञानी अथवा

विकृत ज्ञानी बन गए। इसके परिणामस्वरुप उनके जीवन में ढोंग एवं अनीति का प्रवेश हुआ और समाज में दुर्बलता की परिसीमा हो गई। इसका घातक परिणाम राजनीतिक क्षेत्रों में होना ही था।

इसी परिस्थिति का लाभ उठाने की बात सोचकर एक बार बारवगी के यवन सम्राट दिमेत्र ने भारत पर चढ़ाई की। इस बात के प्रमाण उपलब्ध हैं कि वह पाटलीपुत्र तक जा पहुंचा था। कलिंग राज के खारवेल नामक सम्राट ने इस परचक्र का प्रतिकार किया। किन्तु कई लोगों ने *अहिंसा परमो धर्म* आदि धर्म तत्वों के खोखले कारण प्रस्तुत कर उस परचक्र परिणाम के प्रति अपनी अनास्था प्रदर्शित की। इसके परिणामस्वरूप "शिष्यापराधे गुरोर्दण्ड" वाले न्याय के अनुसार समूचे बुद्ध सम्प्रदाय एवं उनके तत्वज्ञान के विरुद्ध देश में प्रतिक्रिया की एक तीव्रतम लहर उठी और इस पंथ को यहां पर नष्ट प्रायः कर दिया गया। हां, इस परिणाम के लिए बौद्धों में फैली हुई अनीति किस सीमा तक उत्तरदायी मानी जाए, इस बात का निर्णय करना अवश्य कठिन है। बुद्ध अनुयायियों की साम्प्रदायिक मनोवृत्ति सभी ओर इतनी प्रसिद्ध हो चुकी थी कि भारत पर आक्रमण करने वाले विदेशियों में से कई लोग तो एतद्‌देशीय समाज द्वारा होने वाले प्रतिकार की प्रखरता को कम करने की दृष्टि से ही बहुधा बुद्धानुयायित्व स्वीकार कर लिया करते। कुषाण सम्राटों का बुद्धानुयायित्व इसी राजनीतिक स्वरूप का था।

उक्त परिस्थिति को सुधारने की दृष्टि से इस काल में पुनः वेदों (विविध संत, ज्ञानी, ऋषियों, मुनियों, द्वारा) का प्रचार किया गया और समाज में प्राचीन राष्ट्र पोषक परंपरा तथा राष्ट्रीय जीवन के संस्कारों का सुव्यवस्थित ढंग से पुनरुज्जीवन करने का प्रयत्न हुआ। भारत का अखंडत्व एवं मानव जीवन में समाज विषयक कर्त्तव्यों का अग्रस्थान इन दो बातों पर ही पंचम वेद के नाम से गौरवान्वित किए गये। महाभारत में स्थान–स्थान पर बल दिया गया है। जहां–तहां किये गये यात्राओं के वर्णनों में भी भारत के एकत्व तथा अखण्डत्व की ही

झलक स्पष्टतया दृष्टिगोचर होती है। बीच–बीच में सामाजिक कर्त्तव्य का विवेचन भी पर्याप्त विस्तार के साथ प्रारंभ किया गया है। वह किसी की भी दृष्टि से ओझल न हो अर्थात विशुद्ध समाज धर्म की गाथा ही है। यह बात उसे सरसरी दृष्टि से देखने वाले व्यक्ति के भी ध्यान में सहज ही आ सकती है। समाज के आबाल, बृद्ध स्त्री–पुरुषों पर अभीष्ट संस्कार डालते हुए उनका समय–समय पर समुचित मार्गदर्शन करने के निमित्त निरंतर संचार करने वाले निस्वार्थ सन्यासियों के गिरि, पुरी, तीर्थ, आनंद, सरस्वती आदि दस पंथों की स्थापना भी इसी काल में की गई। इस प्रकार समाज पर अभीष्ट संस्कार डालते हुए राष्ट्रीय वृत्ति का प्रसार करने वालों को उदर निर्वाह की चिंता से मुक्त करने के उद्देश्य से अग्रहार देने की पद्धति विशेषकर इसी काल में रूढ़ हुई। इस महान उत्तरदायित्व को पीढ़ी दर पीढ़ी निभाते रहने का व्रत लेने वाले लोगों में उस व्रत के लिए पोषक ऐसे अनेक विधि–निर्बन्धों से मुक्त कठोर जीवन को सहर्ष स्वीकार कर लिया था। इसीलिए कर्म तथा जन्म से भी वे समाज के गुरु माने गए। यह प्रथा भी इसी काल में विशेष रुप से प्रदान की गई। इसीलिए एक दृष्टि से ऐसा भी कहा जा सकता है कि तदुत्तर कालीन जीवित तथा तेजस्वी भारतीय समाज महात्मा गौतम बुद्ध और पूज्यपाद स्वामी शंकराचार्य के संयुक्त परिश्रमों का ही फल है। एक ही उदार भावना और तज्जन्य प्रबल कर्म प्रेरणा तथा दूसरे की प्रखर बुद्धिमत्ता और उसके कारण संभव हुए सम्यक् मार्ग दर्शन का एक सुमधुर परिपाक है यह। अन्यथा गौतम बुद्ध की गणना भगवान के दस अवतारों में से नवें अवतार के नाते की जाने का रहस्य और हो ही क्या सकता है।

उपर्युक्त विवेचन से स्पष्ट है कि यहां के समाज ने सतत् प्रतिकार करते हुए अपने टिकाउपन का अद्भुत परिचय दिया है। सैकड़ों वर्षों तक अपने स्वत्व का ध्यान रखते हुए इतनी दृढ़ता के साथ परचक्र का प्रतिकार किये जाने का यह उदाहरण संसार में अद्वितीय ही है। ईश्वरीय योजनानुसार मानो संकट परंपरा के पूर्व ही उसका सामना

करने का सामर्थ्य भी राष्ट्र में निर्माण हो चुका था। इसीलिए सदियों तक विदेशी, विधर्मी, अन्यायी एवं अत्याचारी शासकों की गुलामी का जुआ गर्दन पर होते हुए भी हमारा समाज अपने स्वत्व की रक्षा–कर सका। यह बात सत्य है कि सभी लोगों ने एक साथ संगठित प्रतिकार नहीं किया। फिर भी वे लोग अपने–अपने स्थान पर पूर्ण दृढ़ता के साथ डटे रहे। अपने धर्म तथा परंपरा के प्रति समाज में वर्षों से व्याप्त हुई श्रद्धा न तो घोरतम अत्याचारों से डगमगाई और न मधुर प्रलोभनों से विचलित ही हुई। शत्रुओं का स्थान–स्थान पर प्रकट तथा प्रखर प्रतिकार किया गया। स्त्रियों एवं बालकों ने भी त्याग की परिसीमा करते हुए इस महान कार्य में सहर्ष सहयोग दिया। विदेशियों की गुलामी स्वीकार करने वालों को बहिष्कृत माना गया।

इस प्रकार ऐसे उद्भट महापुरुषों की यह परंपरा सहसा अपने आप तो निर्माण हो नहीं सकती। विशिष्ट संस्कारों के जीवित प्रवाह में ही वह उत्पन्न हो सकती है। स्वस्थ संस्कारों के सांचों में ढले हुए इन महापुरुषों के हृदयों में तनिक भी अहंकार या स्वार्थ की भावना नहीं थी। हम कोई विशेष कार्य कर रहे हैं, इसकी कल्पना तक उनके अंतः करण को छू नहीं पाती थी। केवल अपने प्राचीन आदर्शों की रक्षा के निमित्त मृत्यु का सहर्ष आलिंगन करने के हेतु सिद्ध हुए पुरुष सभी जातियों में उत्पन्न हो चुके थे। इसका कारण थे, सम्पूर्ण समाज में प्रस्तुत किए गए विशिष्ट संस्कार। इन संस्कारों ने ही विपत्तिकाल में हमारी रक्षा की है। अतः ये संस्कार ही भारत की राष्ट्रीय समाज संगठना के आधार स्तम्भ हैं। व्यक्ति पर होने वाले संस्कार उसके आस–पास का वातावरण, उसकी दृष्टि के सम्मुख रहने वाले आदर्श आदि सब कुछ समाज का ही ऋण है। उस समाज हेतु व्यक्ति को अपना जीवन समर्पित करना चाहिए। इस अति पवित्र एवं उदात्त भावना के बल पर ही भारत उस भीषण तूफान में भी सुरक्षित रह सका, जिसमें फंसकर संसार का अन्य कोई भी राष्ट्र जीवित नहीं रह सका है, अर्थात् प्राचीन परंपरा के प्रति आत्मीयता रुपी जड़ों को, संस्कारों

संबंधी श्रद्धा एवं तदर्थ उपयोग रुपी खाद–पानी से प्राप्त होने के कारण ही भारतीय राष्ट्रीयत्व के इस वटवृक्ष का आसेतु हिमालय विस्तार हुआ और पाताल गंगा के जल से उसकी जड़ों का पोषण हुआ इसलिए अब वह चिरंजीव बन चुका है।

जगद्‌गुरु शंकराचार्य

१०

जगद्गुरु शंकराचार्य

जगद्गुरु श्री शंकराचार्य का जन्म उस समय हुआ था जब बौद्ध धर्म का ह्रास हो रहा था। धर्म के नाम पर अनाचार फैल रहा था। बौद्ध धर्म को राज्याश्रय देने वाली केन्द्रीय सत्ता निर्बल हो रही थी। अनेक वर्षों तक राज्याश्रय का उपभोक्ता होने के परिणामस्वरुप सत्ता की चाट बौद्धों को लग चुकी थी। वे सत्ता को हाथ से जाने देना नहीं

चाहते थे। विरोधियों ने इस परिस्थिति का लाभ उठाया। ढलती हुई बौद्ध सत्ता के उन्नायक बनकर उन्होंने भारत में प्रवेश किया। भारतीय बौद्धों ने सत्ता के लोभ में अपने–पराये का विवेक खोकर उनका सत्कार किया। उनके साथ सब प्रकार का सहयोग किया। प्रखर राष्ट्रीयता का पोषक हिन्दू समाज इसे सहन न कर सका और कुमारिल भट्ट द्वारा प्रज्वलित चिंगारी शंकराचार्य के रुप में दावानल बनकर प्रकट हुई।

इस दावानल ने हिन्दू धर्म के अंदर–बाहर चारों ओर उगने वाले झाड़–झंखाड़ को भस्मसात कर दिया। इस अग्नि में तपकर हिन्दू धर्म पहले से अधिक तेजस्वी बनकर कुंदन के रुप में निखर कर आया। राष्ट्र– धर्म की रक्षा हुई। शंकराचार्य ने बुद्ध को हिन्दू धर्म के अवतारों में स्थान देकर बौद्धों की केन्द्रापगामी दृष्टि फेर दी। फिर घर–घर में देश का गुंजन प्रारंभ हो गया।

शिव गुरु और आर्यम्बा के जीवन की साधना पूरी हुई और साथ ही राष्ट्र के युग–युग की साध पूरी हुई। वैशाख शुक्ल दशमी को आर्यम्बा की कोख से पुत्र रत्न का जन्म हुआ। उसे भगवान शंकर का वरदान जानकर उसका नाम शंकर रखा। भगवान शंकर की तपश्चर्या करके भगीरथ एक दिन भारत में गंगा को लाया जिसने भगीरथ के समस्त पूर्वजों का उद्धार किया तथा जो आज तक भारत के लिए सुख–सम्पति की खान बनी हुई है। उसने उस धर्म का उद्धार करके सभ्यता तथा राष्ट्रीयता को सम्पन्न किया।

''होनहार बिरवान के होत चीकने पात'' इस कहावत के अनुसार बालक शंकर को देखकर लोग कल्पना करने लगे कि वह भविष्य में अवश्य ही महापुरुष होगा। उसकी प्रतिभा धीरे–धीरे प्रकट होने लगी। जब आर्यम्बा उसकी बुद्धिमत्ता की बातें सुनती तो एक ओर तो उनका हृदय आह्लाद से परिपूर्ण हो जाता, तो दूसरी ओर अनेकों कुविचार उसको आ घेरते, लोग कहते हैं कि अत्यंत अल्पवय में ही बुद्धि की

प्रगल्भता को प्रकट करने वाला व्यक्ति अल्पायु होता है। यह सोचकर वह एकदम सिहर उठती तथा अपने शंकर की दीर्घायु के लिए मनौतियां मनाने लगती।

शंकर केवल विद्या और बुद्धि में ही नहीं बढ़ा–चढ़ा था। अपितु उसका स्वभाव इतना मीठा था कि जो कोई उससे एक बार मिलता वह उसी का बन जाता था। वह इतना उदार तथा विशाल हृदय का था कि उसमें प्रत्येक का स्थान था और इसीलिए प्रत्येक ने उसको भी अपने हृदय में स्थान दिया। उसके प्रेमपूर्ण व्यवहार तथा हृदय की विशालता का ही परिणाम है कि वह अपने आसपास के लोगों की श्रद्धा और विश्वास सम्पादन कर सका। यही उसकी सफलता का रहस्य है।

जितनी तीव्रता के साथ शंकर ने लौकिक विद्या प्राप्त की थी। उतनी शीघ्र ही उसने वेद तथा वेदांगों का अध्ययन किया। अब शंकर केवल पढ़ता ही नहीं था परन्तु अपने साथ के विद्यार्थियों को पढ़ाता भी था।

यह कथा कहां तक सत्य है, कहना कठिन है, ग्राह का पांव पकड़ने पर भी शंकराचार्य को न ग्रसना तथा सन्यास की आज्ञा मिलते ही पांव छोड़ देना आश्चर्य की ही घटना है। हां, एक महान ध्येय की पूर्ति के लिए शंकराचार्य जैसे राष्ट्र निर्माता तथा दार्शनिक का यह नाटक खेलना कोई आश्चर्य की बात नहीं है। कुछ भी हो पारिवारिक स्नेह की नदी में व्यक्तिगत स्वार्थ का ग्राह जो शंकराचार्य को इतना चाहता था उससे वे अवश्य मुक्त हो गये तथा इस घटना ने चाहे सत्य हो या असत्य, हिन्दू समाज का इतिहास ही बदल दिया।

सन्यास ग्रहण करके माता को प्रणाम करके गुरु की खोज में शंकराचार्य निकले। अंतःकरण की धनाढ्‌यता ही उनका एक मात्र धन था। आत्मविश्वास, विश्वास की प्रबलता ही उनकी महती शक्ति थी। प्रगल्भ बुद्धि ही उनका पथ प्रदर्शन कर रही थी। हृदय में अपने

कार्य पर असीम श्रद्धा तथा भगवान का एकमात्र सहारा ही उनका बल था।

मार्ग के कष्टों की चिंता न करते हुए भूख और प्यास की परवाह न करते हुए यह छोटा सन्यासी अपने ध्येय मार्ग पर बढ़ा जा रहा था। लोग इस लगन को देखकर आश्चर्यचकित रह जाते। उनकी छवि को देखकर कल्पना करते मानो नारायण ही अवतीर्ण हो गया हो।

अंत में नर्मदा के तट पर अमर कान्त (अमरकंटक) में योगी गोविन्द पाद के दर्शन हुए। भगवत् गोविन्द पाद, शंकराचार्य को देखते ही उनकी ओर आकर्षित हो गए। कहते हैं कि भगवान की प्रेरणा के अनुसार वे शंकर की बहुत दिनों से बाट जोह रहे थे। शंकर को देखते ही उनका चेहरा खिल गया। शिष्य तो गुरु की आत्मा की अभिव्यक्ति ही रहता है। उसके अंतःकरण की प्रवृत्ति का पूरक रहता है। फिर क्यों न एक–दूसरे को पहचानें। उनका सूत्र तो पहले से ही मिला रहता है। किसी को मिलाने की आवश्यकता नहीं रहती है। भगवान गोविन्द पाद ने शंकर को देखकर एक शांति की सांस ली तथा शंकर के आश्रम प्रवेश की योजना में जुट गए और तब शंकर ने इस महान परंपरा में प्रवेश किया। भगवत् गोविन्द पादाचार्य से उसने वेदांत की शिक्षा ली। शंकर ने वेदांत की शिक्षा को ग्रहण करके केवल अपने शिष्यों को पढ़ाकर ही संतोष नहीं किया, अपितु अपने समस्त जीवन को व्यवहार में प्रकट करते हुए सम्पूर्ण राष्ट्र को इस मंत्र से अभिमंत्रित कर दिया। उन्होंने ज्ञान का वह प्रकाश फैलाया कि दिग्दिगन्त आलोकित हो उठा।

भगवत् गोविन्द पादाचार्य ने शंकर को विधिवत सन्यास धर्म की शिक्षा दी। कर्म सन्यास ग्रहण करके शंकर उनके आश्रम में रहने लगे। शंकर जैसे प्रखर बुद्धि के शिष्य को पढ़ाना अत्यंत दुष्कर कार्य था परन्तु आचार्य ने समस्त शास्त्र बड़ी योग्यता से पढ़ाये। उनको

विश्वास था कि शंकर धर्म का उद्धार करेगा। इसलिए भावी राष्ट्र के जीवन में कोर–कसर न छोड़ना होगा। अपनी बातचीत उठने–बैठने तथा अपने व्यवहार से शंकर के ऊपर ऐसे संस्कार किये, जो उसको धर्म प्रचार के कार्य में भी योग्य बना दे क्योंकि वह उनकी तथा राष्ट्र की भावी आशा का केन्द्र था। इसी समय उनके गांव से आये व्यक्ति द्वारा माता जी मरणासन्न हैं ऐसी सूचना सुनकर धर्म यात्रा को रोक गांव को प्रस्थान किया।

शंकाराचार्य अपनी माता के दर्शनों के लिए बड़े उत्सुक थे जिसके कारण मार्ग का एक–एक डग उनको एक–एक कोस मालूम होता था। उतना लम्बा मार्ग हो गया था कि काटे नहीं कटता था। बद्रिकाश्रम से कालड़ी अठारह सौ मील दूर है। सम्पूर्ण मार्ग पैदल ही चलना था। कितने दिन लगे होंगे। शंकर को आते और उनके मन की क्या दशा रही होगी इन दिनों में। उनको बताया गया था कि उनकी माता अंतिम सांस गिन रही है। इधर वे भी एक–एक पग गिन रहे थे। उनके पग जमीन पर नहीं पड़ते थे। जमीन छूने में भी तो समय लगता है न। वे उड़े जा रहे थे। उन्हें विश्राम की चिंता नहीं थी। भूख और प्यास सब मारी गयी थी। दौड़ते–दौड़ते जैसे–तैसे कालड़ी पहुंचे। भगवान की कृपा से माता के अंतिम दर्शन कर सके। जैसे ही वे घर में गये कि दौड़कर उन्होंने अपनी माता के चरण पकड़ लिए। वे भूल गये थे कि वे सन्यासी हैं। वे जानते थे कि वे सन्यांसी हैं। सर्वमान्य है, नहीं। भूले नहीं थे। वे जानते थे कि कितने ही बड़े क्यों न हो जाये माता के लिए तो वही शंकर है और फिर माता–माता ही है। सर्वदा आदरणीया है, पूज्या है। माता आर्यम्बा ने शंकर को गले से लगा लिया। हर्षातिरेक से उसके आंसू निकलने लगे।

शंकर ने माता की खूब सेवा–सुश्रषा की। सदा माता की खाट के पास ही बैठे रहते उसे दवा–पथ्य देते और सदा पंखा झलते रहते। माता आर्यम्बा का व्रत था कि वह नित्यप्रति पूर्णा नदी में स्नान करती

थी। अब वह दुर्बल हो गयी थी। अब शरीर में इतनी शक्ति नहीं थी कि नदी तक जा सकें, नदी दूर थी। आर्यम्बा बड़ी चिंतामग्न थी। सोचती थी कि अब अंत समय में मुझे अपना व्रत तोड़ देना पड़ेगा। उनको इस प्रकार चिंतातुर देखकर शंकर ने कहा मां तुम चिंता क्यों करती हो, अब तक तुम नदी तक जाती थी अब नदी तुम्हारे पास आयेगी। आर्यम्बा कुछ भी नहीं समझ पायी। परन्तु उसने अपने पुत्र की बात पर विश्वास कर लिया क्योंकि वह जानती थी कि हमारे शंकर में अलौकिक शक्ति है। जब भोर हुआ तब शंकर घड़ा लेकर पानी लाने के लिए चल दिये। तब मां ने कहा, शंकर तुम कहां जा रहे तो तब शंकर ने कहा कि नदी से पानी लाने तो घबड़ाकर आर्यम्बा बोली कि शंकर वहां मत जाओ वहां तो ग्राह है। माता की ममता को देखकर शंकर ने कहा कि मां अब तो वह मर गया है और मैं भी बड़ा हो गया हूँ। चिंता की कोई बात नहीं है, इस प्रकार दिन–रात माता की सेवा में बीत रहे थे कि अचानक एक दिन माता परलोक सिधार गईं। शंकर माता की सेवा कर पुत्र कर्त्तव्य हुआ मानकर संतुष्ट हुए।

माता का अंतिम संस्कार समाप्त ही कर पाये थे कि शंकराचार्य को सदानंद नाम के व्यक्ति ने भगवत् गोविन्दपाद के अमरकांत आने और वहां रुग्ण शय्या पर पड़े होने का समाचार दिया। वे मृत्यु के पूर्व शंकराचार्य से भेंट करना चाहते थे। अतः उसके द्वारा उन्होंने शंकर को बुलवाया था। समाचार सुनते ही वे अमरकांत की ओर दौड़ पड़े। बड़ी कठिनाइयों से वे एक मास में अमरकांत पहुंच पाये। जब वे वहां पहुचे तो भगवत् गोविन्द पादाचार्य अचेत अवस्था में पड़े हुए थे किन्तु जैसे ही अपने प्रिय शिष्य शंकर की वाणी सुनी वैसे ही उन्होंने आंखे खोल दीं। एक बार जोर लगाकर खड़े हो गये। मानो भले–चंगे हों और शंकराचार्य को गले लगा लिया। उन्होंने शंकराचार्य को अंतिम संदेश दिया। उसे दिग्विजय प्रारंभ करने का आदेश तथा सफलता का आशीर्वाद दिया। बस ऊँ का उच्चारण करते–करते वे महाप्रयाण कर गये। उनके स्थान पर शंकराचार्य ही शिष्य समूह के गुरु थे।

अपने इस कार्य को समाप्त करके शंकर ने देश भ्रमणार्थ योजना बनायी। गुरु की आज्ञा और आशीर्वाद उसके साथ था और सफलता की शुभ कामना भी उसके साथ थी। भगवान का आशीर्वाद तथा पूर्वजों का पुण्य उसके साथ था। गुरु और प्रभु आज्ञा अथवा इच्छा को शिरोधार्य कर हाथ में भगवत ध्वज, दण्ड और कमंडल लेकर अपनी धर्म यात्रा प्रारंभ कर दी।

शंकराचार्य का कार्य गति पकड़ता जा रहा था। काशी में अब वे चोटी के पंडितों में गिने जाने लग गये। जनता के तो वे हृदय सम्राट बन ही चुके थे। उधर काशी के नरेश भी उनके शिष्य हो गये थे। काशी में राजा और रंक के हृदय में जिसने इतना स्थान प्राप्त कर लिया था, उसका यश यदि चारों ओर फैलने लगे तो क्या आश्चर्य। उनकी शिष्य मण्डली भी अब इतनी हो गयी थी कि स्थान–स्थान पर अपने शिष्यों को छोड़कर वे सम्पूर्ण भारत में एक ही विचार धारा उत्पन्न कर सकते थे। अतः एक दिन उन्होंने अपना दिग्विजय का विचार प्रकट कर दिया। सम्पूर्ण शिष्यमण्डली आनंदातिरेक से नाँचने लगी' परन्तु शंकराचार्य की मुद्रा शांत एवं ध्यान मग्न थी।

पिछले एक हजार वर्ष में अपने धर्म की स्थिति ही विचित्र हो गयी है। उसकी जड़ों को अनेक प्रकार से खोखली करने का प्रयत्न किया गया है। उसने अपनी सम्पूर्ण शक्ति लगाकर अपने ऊपर के आघातों को रोका है। हमें अभिमान है कि हमारे धर्म को अंदर और बाहर से कोई भी नष्ट नहीं कर पाया। यहीं पास ही सारनाथ है, वहीं एक दिन भगवान बुद्ध ने धर्मचक्र प्रवर्तन की घोषणा की थी। प्राचीन परंपरा के प्रति उदासीन रहकर उन्होंने नयी रीति से धर्म की स्थापना की। अनेक अनुयायियों ने इस उदासीनता को विरोध में पलट दिया। आक्रमणकारी विरोधियों (विदेशियों) ने इस विरोध का लाभ उठाकर उसे अपनाया तथा हमारे मर्म स्थलों पर आघात करके हमें नष्ट करने का प्रयत्न किया। किन्तु जिस नदी का स्त्रोत अक्षय हिमराशि के नीचे हिमाद्रि के गर्भ में नहीं है। वह वर्षा ऋतु में कितना भी उफन–उफन

कर चले, आस–पास के क्षेत्रों को जलमग्न कर दे, ग्रीष्म में तो वह सूख जाती है। उसका प्रवाह अजस्र नहीं रह सकता है। यह श्रेय तो गंगोत्री से उद्भूत गंगा को ही मिलेगा। आज वेद विरोधी धर्म अंतिम सांस ले रहा है। दूसरी ओर हिन्दू धर्म के उत्थान के भी प्रयत्न हुए हैं। इन सब प्रयत्नों का हमें समन्वय करना है। एकीकरण करना है। आचार्य कौटिल्य ने जिस राष्ट्र मन्दिर की नींव रखी तथा जिसका निर्माण इतने दिनों से अनेक आत्म विजयी ऋषि, मुनि, दिग्विजयी, सम्राट, कवि, कलाकार, साहित्यकार, स्मृतिकार पुराण के रचयिता तथा धर्मशास्त्रों के प्रणेता करते चले आ रहे हैं आज उस मन्दिर में राष्ट्र पुरुष की मूर्ति स्थापित करके उसे अभिमंत्रित करना है। भगवान को धन्यवाद दें कि यह सौभाग्य हमें प्राप्त हुआ है। पूर्वजों के प्रगति पथ पर प्रयाण कर हम उनके कार्य को पूर्ण करें और इस मन्दिर के प्रथम पुजारी बनें। ऐसा प्रबंध कर चलें कि पीछे आने वाली पीढ़ियां इस मन्दिर में अनंत काल तक पूजा कर सकें। जिन तत्वों का हमने प्रतिपादन किया है, वे वेद सम्मत हैं। सत्य हैं, शाश्वत हैं, लोक कल्याणकारी हैं। किन्तु केवल तत्वों को तर्क की तराजू में तौलते रहना, उनकी सत्यता और सुन्दरता की चर्चा ही करते हुए मन ही मन मोद मनाते रहना अथवा कल्पना के किले बनाते रहने में कार्य का त्याग करना किसी भी उपयोग का नहीं है। उन तत्वों को व्यवहार में लाने की आवश्यकता है। अपने धन, धान्य, धरणी, धर्म की रक्षा के निमित्त अपना संदेश देश के कोने–कोने में घर–घर में पहुंचाना होगा। देश की दुर्दशा तथा दीन–दुखियों पर दलबद्ध दुष्ट दानवों के अत्याचार देखकर केवल दो आंसू बहाने की अपेक्षा देह को कष्ट देकर दम्भियों के दम्भ को दूर करना होगा। दुष्टों की दुष्टता का दमन करना होगा। हमारे धैर्य के सामने दुर्विनीतों का दर्प चूर हो जाएगा। दुष्टों की दाल नहीं गल पायेगी। तथा तामसी तस्कर तीन–तेरह हो जायेंगे। जिसको अपने धर्म से प्रेम है जिसकी नसों में पूर्वजों का रक्त प्रवाहित होता है। जिसको अपने कार्य पर श्रद्धा है जिसके मन में

आत्म विश्वास जड़ जमाकर बैठा है, जिसके हृदय में उत्साह का सागर हिलोरे ले रहा है, जो मान–सम्मान सुख और आनंद को विदा कर चुके हैं, जिन्होंने कष्टों का कर–ग्रहण किया है, वे इस देश के कार्य के निमित्त, पुण्य कार्य के निमित्त मेरे साथ आवें। भगवान का आशीर्वाद, पूर्वजों का पुण्य प्रताप, अनेक तपस्वियों का तपस्तेज तथा वीरों के बलिदान हमारे साथ हैं। हमें विश्वास है कि सफलता हमारा मार्ग प्रशस्त करती हुई चलेगी। जिसे चलना हो वह चले।

भगवान बुद्ध से लेकर अब तक समाज पर पड़े हुए संस्कारों की अवहेलना करके कुछ एक दम उल्टी गंगा बहाने का प्रयत्न करते हुए वैदिक युग लाने का स्वर्ण–स्वप्न समझ कर, गंगा में मिलने वाले गंदे नाले को ही गंगा समझकर उसी में डुबकी मार कर पुण्य प्रसाद लूटने के भ्रम में पड़कर आत्म प्रवंचना कर रहे हैं। अतः उन्होंने निश्चय किया कि प्रथम तो द्वितीय श्रेणी वालों को जिनमें कि इस राष्ट्र के कल्याण की भावना है। जो ऋषि मुनि वैदिक–धर्म पुनरुद्धार की कामना करते हैं उनको एक मार्ग पर लाया जाये। उनको संगठित करके उनमें एक सूत्रता लायी जाये और इसके बाद आज भ्रम से जो अपनी प्राचीन परंपरा से टूटकर दूर जा गिरने के कारण अंतर्राष्ट्रीय वृत्तियों के शिकार बन गए हैं। दूर करके उनको अपने में मिलाया जाये। ऐसी उनके कार्य की योजना बन चुकी थी। आन्दोलन की रूपरेखा निश्चित थी। एक बार ध्येय और मार्ग निश्चित हुआ कि निष्ठापूर्वक लगन से कार्य करने वाले को ध्येय की ओर अग्रसर होने में देर नहीं लगती। उसकी जीवन नौका फिर न तो शंका–कुशंका के भंवर में गोता खाती है और न विरोधियों के उठाये हुए झंझावात में डगमगाती है। वह ज्ञानमय श्रद्धा की पतवार का पाल उठाते हुए तूफान में भी उसकी गति को बढ़ाती ही है।

शंकर की शंखध्वनि से चारों ओर का वातावरण गूंज उठा। कान में तेल डालकर बैठे हुए कर्महीनों के कर्ण कुहरों में भी ध्वनि समा गई। विरोधियों के दिल दहल गए। मत–मतान्तर घबराने लगे। आडंबर

अचकचाकर पोल खुलती देख फीका पड़ गया। अनेकता और अनबन अब कुछ बनती न देखकर पांव दबाकर खिसकने लगे। भेदभाव अपने ही भंवर में चक्कर खाने लगे। भीरुता भय खा गई, कायरता कूच कर गई। उसी शंख ध्वनि ने सहयोगियों का दिल दूना कर दिया। कर्म योगियों के कर में तो करवाल आ गई। ऐरे–गैरों में भी गुरुमंत्र के प्रभाव से अच्छे–अच्छों से आंखे मिलाकर खड़े होने की हिम्मत आ गई। समन्वयता मानो सम्पूर्ण गगन–मंडल में गूंज के साथ छा गई। सरलता और शांति के साम्राज्य की मानो घोषणा हुई है। स्पष्टवादिता सीधी–सीधी सुनाने को समुद्यत हो गई। मेल–मिलाप मन–मुटाव को मटियामेट करके मोद मनाने लगे। शूरता सिर सवार थी। वीरता बढ़कर बातें करने लगी। दया दिल खोल कर दान देने लगी।

स्वामी शंकराचार्य ने अपनी दिग्विजय के निमित्त कूंच कर दिया। सहिष्णुता की भूमि भारत में उन्हें अपने जीवन का न तो डर था और न ही उसका मोह किन्तु वे सम्पूर्ण भारत में जन–आन्दोलन करने को निकले थे। इसलिए जनमानस आकर्षित करने के लिए, उस पर प्रभाव जमाने के लिए, ठाट बाट तथा सज–धज कर चलने की आवश्यकता थी। अपने आन्दोलन को सफल बनाने के लिए यह साज शंकराचार्य ने सजाया, किन्तु स्वयं इन सबसे अलिप्त थे। उन्होंने तो वैराग्य का कवच पहन रखा था। ज्ञान की ढाल धारण कर रखी थी। प्रस्थान त्रयी ही उनके शस्त्र थे और शिष्य वर्ग ही उनकी सेना।

शंकराचार्य ने इतना ही नहीं बल्कि समस्त हिन्दू राष्ट्र को एक सूत्र में पिरोने एवं उसे संगठित करने का प्रयास किया। देश के चारों कोनों पर चार धामों के प्रति श्रद्धा केन्द्रित करते हुए उन्होंने सम्पूर्ण भारत वर्ष में मातृभूमि की मूर्ति जन–जन के हृदय पर अंकित कर दी। उनकी श्रद्धा के अनुसार अपने इष्टदेव को बीच में तथा चारों ओर अन्य चार देवताओं को रखकर पूजन करने की उसे छूट दी। चार धामों के समान ही उन्होंने समाज को धर्म मार्ग पर नियंत्रित एवं

अनुशासित रखने के लिए चार शंकराचार्यों की अध्यक्षता में भारत के चारों कोनों में चार मठ स्थापित किए।

शंकराचार्य जानते थे कि जन समाज की स्मृति अल्प होती है। उनकी भावनायें जहां एक ओर क्षणिक आवेश में उत्ताल तरंगों की भांति उठकर सम्पूर्ण संसार को प्लावित करने का प्रयत्न करती हैं, वहां तट से टकराकर चूर–चूर भी हो जाती हैं। फिर उनका चिन्ह भी नहीं दिखाई देता। अतः ऐसा प्रबंध करना आवश्यक है, जिसमें कि जन समाज के एकत्व की भावना युगों–युगों तक बनी रहे। समाज में जो एक विचार और एक व्यवहार की लहर आयी है वह सदैव बनी रहे। तभी तो समाज का संगठन सुदृढ़ होगा, शाश्वत होगा। नहीं तो पानी के बुलबुले की भांति क्षणिक होकर नष्ट हो जाएगा। अतः उन्होंने समाज को स्फूर्ति देने वाले उसके जीवन स्रोत स्वरूप प्रत्येक की श्रद्धा के केन्द्र मठ की स्थापना करने का विचार किया। समाज के सच्चे सेवक, देश के कर्णधार, ज्ञानी, विद्वान, निस्वार्थी, निस्पृही तथा दृढ़ निश्चयी कार्यकर्ताओं को शिक्षित करके सम्पूर्ण देश में भेजने वाले स्थान के रुप में उन्होंने मठ स्थापित किया। जीवन के एक–एक क्षेत्र में उन्होंने भारत की इस एकता को बनाये रखने का कितनी सावधानी से प्रयास किया, इसीलिए चैतन्यमय भारत का आज भी अभिव्यक्त और अविच्छिन्न स्वरुप हमारा आराध्य बना हुआ है।

प्राचीन काल से हम सब एक ही प्रवाह के जलकण रहे हैं। उस सरिता का ही नाम आर्य है, हिन्दू है। यही हमारा गौरवचिह्न है। मान–सम्मान का दाता है और इस पुण्यभूमि भारत के निवासी आर्यों की संतान हैं। प्राचीन परंपरा के मानने वाले हैं। राम और कृष्ण की संतान हैं। अतः हिन्दू हैं। भगवान ने सदा हमारी रक्षा की है। हमारे समाज का पालन किया है। इसको जीवन शक्ति का दान दिया है। "आचार्य शंकर दृढ़ प्रतिज्ञ थे। अतः वे कार्य की दुष्करता के कारण पीछे हटने वाले नहीं थे और जनसाधारण की सच्ची भावना को

देखकर आचार्य शंकर ने उनमें ही अपना कार्य किया। ज्ञान का सत्य मार्ग उन्होंने उनको ही दिखाया। जीवन की जिस अपवित्रता के पीछे वे अंधे बनकर दौड़ रहे थे, उनका नग्न स्वरुप उनके सामने रखा। उनके सात्विक भावों को जगाया और आत्मा की सत्यता और भगवान की सच्ची भक्ति का परिचय करवाया। भारतीय एकात्मता का ज्यों–ज्यों जनता साक्षात्कार करने लगी, त्यों–त्यों उनके जीवन में अपवित्रता के स्थान पर पवित्रता का उदय होने लगा।

उनका कार्य अब पूर्ण हो चला था। पद्मपाद की सेवा सुश्रूषा से उनका रोग भी धीरे–धीरे कम हो गया था। माता के इस वाम अंग को वाममार्ग के रक्त रोग से मुक्त सम्पूर्ण शरीर की भांति कांतिमान कर दिया। इस अंतिम कार्य को करने के बाद उन्हें अनुभव होने लगा कि अब उनके जीवन का ध्येय उन्होंने प्राप्त कर लिया। अतः हिमालय में जाकर चिंतन–मनन और तपस्या का विचार किया। क्योंकि हिमालय उनको जीवन भर बुलाता रहा था। अतः उन्होंने बद्रिकाश्रम की ओर प्रस्थान कर दिया।

आचार्य शंकर भारत वर्ष में अवतारी पुरुषों में से एक हैं। हमारे राष्ट्र की रचना में उनका बहुत बड़ा योगदान है। धर्म और तत्वज्ञान के क्षेत्र में उनका स्थान अत्यंत उच्च है। आत्मा की महनीयता, भावों की शांतता, मस्तिष्क की दृढ़ता तथा बुद्धि की तीक्ष्णता में वे अप्रतिम थे। उनके विचार उदात्त थे। उनकी प्रतिभा सर्वतोन्मुखी थी। उनका तर्क सूक्ष्म तथा उनका तात्विक दृष्टिकोण सर्वग्राही था। उनका जीवन, साहस और शक्ति से परिपूर्ण था। जिसने सम्पूर्ण समाज में जीवन और चेतना भर दी। उन्होंने राष्ट्र की समस्याओं को जिस निष्पक्षता से सुलझाया, वह उन्हीं के लिए संभव था। उनके श्रेष्ठ गुणों के कारण ही वे आज भी संसार के तत्व ज्ञानियों के सिरमौर बने हुए हैं।

भारतीय राष्ट्र जीवन में भगवान श्री कृष्ण के पश्चात शंकराचार्य का ही अविर्भाव राष्ट्र की मूलभूत एकता को व्यवहारिक स्वरुप देने में

समर्थ हुआ। भगवान श्री कृष्ण ने गीता के द्वारा भिन्न–भिन्न विचार–धाराओं में एकात्मता निर्माण करने का प्रयत्न किया तथा राष्ट्र की इस एकात्मता को धर्मराज युधिष्ठिर के चतुरांत साम्राज्य के रुप में स्थापित किया। आचार्य शंकर ने यद्यपि धर्मराज के समान किसी राजनैतिक महापुरुष को भारतीय एकता का प्रतीक नहीं बनाया, किन्तु राष्ट्र जीवन के प्रत्येक क्षेत्र में एकता निर्माण करके तथा उस एकता के संस्कारों को डालने वाली परंपराओं को पुष्ट करके जो सांस्कृतिक जीवन की एकात्मकता को शक्ति दी है उसके कारण आज तक छिन्न–विच्छिन्न होने पर भी भारत आंतरिक एकता को सत्य सृष्टि में परिणित करने को लालायित है। अनेक में एक के अपने प्राचीन सिद्धांत को आचार्य शंकर ही आत्मिक, भौतिक, नैतिक, धार्मिक, सामाजिक और राजनैतिक क्षेत्रों में अपने अद्वैत के सिद्धांत को प्रतिपादित करके व्यवहारिक जगत में लाए। यही सिद्धांत मानव मात्र की शांति और कल्याण का कारण होगा।

हमारे राष्ट्र निर्माताओं में जगद्‌गुरु शंकराचार्य का स्थान बहुत ऊँचा है। कई विद्वानों ने तो उनको आधुनिक हिन्दू धर्म का जनक ही कहा है। आचार्य शंकर के अखण्ड कर्ममय जीवन से हमारे जीवन को भी कर्म की स्फूर्ति प्राप्त हो तथा अपने पुरुषार्थ, निष्ठा, निश्चय, और त्याग के बल पर अद्वैत के सत्य सिद्धांत के द्वारा सम्पूर्ण संसार को सच्ची शांति का सुख देकर उन्हें जगद्‌गुरु के वास्तविक पद पर आसीन करावें। यही उनका पुण्य स्मरण एवं सच्ची पूजा है।

आचार्य चाणक्य (कौटिल्य)

११

आचार्य चाणक्य (कौटिल्य)

आचार्य चाणक्य का जन्म ३७५ ई. पू. में तक्षशिला में हुआ था। इनके पिता का नाम चणक था, जिनके नाम पर ही इन्हें चाणक्य कहा जाता है। इनके बचपन का नाम विष्णुगुप्त था तथा इन्हें कौटिल्य के नाम से भी जाना जाता है। चाणक्य की प्रसिद्ध पुस्तक अर्थशास्त्र से दूरदर्शिता एवम् कुशल राजनीतिज्ञ होने का आभास होता है।

वे स्वभाव से स्वाभिमानी, चारित्र्यवान तथा संयमी, स्वरुप से कुरूप, बुद्धि से तीक्ष्ण, इरादे के पक्के, प्रतिभा के धनी, युगदृष्टा और युगसृष्टा थे। कर्तव्य की वेदी पर मन की मधुर भावनाओं की बली देने वाले वे धैर्यमूर्ति थे।

अपने निवास स्थान पाटलीपुत्र (पटना) से तक्षशिला प्रस्थान कर उन्होंने वहाँ विद्या प्राप्त की। अपने प्रौढ़ज्ञान से विद्वानों को प्रसन्न कर वे वहीं पर राजनीति के प्राध्यापक बने। लेकिन उनका जीवन, सदा आत्मनिरीक्षण में मग्न रहता था। देश की दुर्व्यवस्था देखकर उनका ह्रदय अस्वस्थ हो उठता, कलुषित राजनीति और सांप्रदायिक मनोवृत्ति से त्रस्त भारत का पतन उनसे सहन नहीं हो पाता था। अतः अपनी दूरदर्शी सोच से, एक विस्तृत योजना बनाकर, देश को एकसूत्र में बाँधने का असामान्य प्रयास उन्होंने किया।

भारत के अनेक जनपदों में वे घूमे। जनसामान्य से लेकर, शिक्षकों एवं सम्राटों तक में सोयी हुई राष्ट्र–निष्ठा को उन्होंने जागृत किया। इस राजकीय एवं सांस्कृतिक क्रांति को स्थिर कर अपने गुणवान और पराक्रमी शिष्य चन्द्रगुप्त मौर्य को मगध के सिंहासन पर स्थापित किया। चाणक्य याने स्वार्थत्याग, निर्भीकता, साहस एवं विद्वत्ता की साक्षात् मूरत!

चाणक्य का व्यक्तित्व शिक्षकों तथा राजनीतिज्ञों के लिए किसी भी काल में तथा किसी भी देश में अनुकरणीय एवं आदर्श है। उनके चरित्र की महानता के पीछे, उनकी कर्मनिष्ठा, अतुलप्रज्ञा और दृढ़प्रतिज्ञा थे। वे मेधा, त्याग, तेजस्विता, दृढ़ता, साहस एवं पुरुषार्थ के प्रतीक हैं। उनके अर्थशास्त्र और राजनीतिशास्त्र के सिद्धांत अर्वाचीन काल में भी उतने ही उपयुक्त हैं।

पाटलिपुत्र के अमात्य आचार्य चाणक्य बहुत विद्वान न्यायप्रिय होने के साथ एक सीधे–सादे ईमानदार सज्जन व्यक्ति भी थे। वे इतने बड़े साम्राज्य के महामंत्री होने के बावजूद छप्पर से ढकी कुटिया में रहते

थे। एक आम आदमी की तरह उनका रहन–सहन था। एक बार यूनान का राजदूत उनसे मिलने राज दरबार में पहुंचा। राजनीति और कूट में दक्ष चाणक्य की चर्चा सुनकर राजदूत मंत्रमुग्ध हो गया। राजदूत ने शाम को चाणक्य से मिलने का समय मांगा।

आचार्य ने कहा–आप रात को मेरे घर आ सकते हैं। राजदूत चाणक्य के व्यवहार से प्रसन्न हुआ। शाम को जब वह राजमहल परिसर में 'आमात्य निवास' के बारे में पूछने लगा। राज प्रहरी ने बताया– आचार्य चाणक्य तो नगर के बाहर रहते हैं। राजदूत ने सोचा शायद महामंत्री का नगर के बाहर सरोवर पर बना सुंदर महल होगा। राजदूत नगर के बाहर पहुँचा। एक नागरिक से पूछा कि चाणक्य कहाँ रहते हैं। एक कुटिया की ओर इशारा करते हुए नागरिक ने कहा–देखिए, वह सामने महामंत्री की कुटिया है। राजदूत आश्चर्य चकित रह गया। उसने कुटिया में पहुंचकर चाणक्य के पांव छुए और शिकायत की–आप जैसा चतुर महामंत्री एक कुटिया में रहता है। चाणक्य ने कहा–अगर मैं जनता की कड़ी मेहनत और पसीने की कमाई से बने महलों में रहूँगा तो मेरे देश के नागरिक को कुटिया भी नसीब नहीं होगी। चाणक्य की ईमानदारी पर यूनान का राजदूत नतमस्तक हो गया।

चाणक्य का मानना था कि ''बुद्धिर्यस्य बलं तस्य।'' वे पुरुषार्थवादी थे, दैवाधीनं जगत्सर्वम् इस सिद्धांत को मानने के लिए कदापि तैयार नहीं थे। सार्वजनिक हित और महान ध्येय की पूर्ति में प्रजातंत्र या लोकशिक्षण अनिवार्य है, पर पर्याप्त नहीं ऐसा उनका स्पष्ट मत था। देश के शिक्षक, विद्वान और रक्षक –निःस्पृही, चतुर और साहसी होने चाहिए। स्वजीवन और समाजव्यवहार में उन्नत नीतिमूल्य का आचरण ही श्रेष्ठ है। किंतु, स्वार्थपरायण सत्तावान या वित्तवानों से, आवश्यकता पडने पर वज्रकुटिल बनना चाहिए – ऐसा उनका मत था। इसी कारण वे "कौटिल्य" कहलाये।

चाणक्य नीति या चाणक्य नीतिशास्त्र, चाणक्य द्वारा रचित एक नीति ग्रन्थ है। संस्कृत–साहित्य में नीतिपरक ग्रन्थों की कोटि में चाणक्य नीति का महत्त्वपूर्ण स्थान है। इसमें सूत्रात्मक शैली में जीवन को सुखमय एवं सफल बनाने के लिए उपयोगी सुझाव दिये गये हैं। इसका मुख्य विषय मानव मात्र को जीवन के प्रत्येक पहलू की व्यावहारिक शिक्षा देना है। इसमें मुख्य रूप से धर्म, संस्कृति, न्याय, शांति, सुशिक्षा एवं सर्वतोन्मुखी मानव जीवन की प्रगति की झाँकियां प्रस्तुत की गई हैं। इस नीतिपरक ग्रंथ में जीवन–सिद्धान्त और जीवन–व्यवहार तथा आदर्श और यथार्थ का बड़ा सुन्दर समन्वय देखने को मिलता है।

नीतिवर्णन परत्व संस्कृत ग्रंथों में, चाणक्य–नीतिदर्पण का महत्त्वपूर्ण स्थान है। जीवन को सुखमय एवं ध्येयपूर्ण बनाने के लिए, नाना विषयों का वर्णन इसमें सूत्रात्मक शैली से सुबोध रूप में प्राप्त होता है। व्यवहार संबंधी सूत्रों के साथ–साथ, राजनीति संबंधी श्लोकों का भी इनमें समावेश होता है। आचार्य चाणक्य भारत का महान गौरव है और उनके इतिहास पर भारत को गर्व है। प्राचीन संस्कृत शास्त्रज्ञों की परंपरा में, आचार्य चणक के पुत्र विष्णुगुप्त–चाणक्य का स्थान विशेष है। वे गुणवान, राजनीति कुशल, आचार और व्यवहार में मर्मज्ञ, कूटनीति के सूक्ष्मदर्शी प्रणेता और अर्थशास्त्र के विद्वान माने जाते हैं।

अर्थशास्त्र में एक ऐसी शासन–पद्धति का विधान किया गया है जिसमें राजा या शासक प्रजा का कल्याण सम्पादन करने के लिए शासन करता है। राजा स्वेच्छाचारी होकर शासन नहीं कर सकता। उसे मन्त्रिपरिषद् की सहायता प्राप्त करके ही प्रजा पर शासन करना होता है। राज्य–पुरोहित राजा पर अंकुश के समान है, जो धर्म–मार्ग से च्युत होने पर राजा का नियन्त्रण कर सकता है और उसे कर्तव्य–पालन के लिए विवश कर सकता है।

सर्वलोकहितकारी राष्ट्र का जो स्वरूप कौटिल्य को अभिप्रेत है, वह 'अर्थशास्त्र' के निम्नलिखित वचन से स्पष्ट है–

प्रजा सुखे सुखं राज्ञः प्रजानां च हिते हितम्।
नात्मप्रियं प्रियं राज्ञः प्रजानां तु प्रियं प्रियम्।।

(१/१९)

अर्थात्–प्रजा के सुख में राजा का सुख है, प्रजा के हित में उसका हित है। राजा का अपना प्रिय (स्वार्थ) कुछ नहीं है, प्रजा का प्रिय ही उसका प्रिय है।

कौटिल्य ने राष्ट्र की रक्षा के लिए गुप्त प्रणिधियों के एक विशाल संगठन का वर्णन किया है। शत्रुनाश के लिए विषकन्या, गणिका, औपनिषदिक प्रयोग, अभिचार मंत्र आदि अनैतिक एवं अनुचित उपायों का विधान है और इस उद्देश्य की प्राप्ति के लिए महान धन–व्यय तथा धन–क्षय को भी (सुमहताऽपि क्षयव्ययेन शत्रुविनाशोऽभ्युपगन्तव्यः) राष्ट्र–नीति के अनुकूल घोषित किया है।

तस्मात् स्वधर्मं भूतानां राजा न व्यभिचारयेत।
स्वधर्मं सन्दधानो हि, प्रेत्य चेह न नन्दति।। (१/३)

अर्थात्– राजा प्रजा को अपने धर्म से च्युत न होने दे। राजा भी अपने धर्म का आचरण करे। जो राजा अपने धर्म का इस भांति आचरण करता है, वह इस लोक और परलोक में सुखी रहता है।

राजा द्वारा अमर्यादाओं को व्यवस्थित करने पर भी बल दिया गया है और वर्ण तथा आश्रम–व्यवस्था को सुदृढ़ करने के लिए आदेश दिया गया है। यहां पर त्रयी तथा वैदिक अनुष्ठान को प्रजा के संरक्षण का मूल आधार बतलाया गया है। कौटिल्य ने स्थान–स्थान पर राजा को वृद्धों की संगत करने वाला, विद्या से विनम्र, जितेन्द्रिय और काम–क्रोध आदि शत्रु–षड्वर्ग का दमन करने वाला कहा है। ऐसा राजा अधार्मिक अथवा अत्याचारी बनकर किस प्रकार प्रजा–पीड़न कर

सकता है ? इसके विपरीत राजा को प्रजा के लिए पितृ–तुल्य कहा गया है, जो अपनी प्रजा का पालन–पोषण, संवर्धन, संरक्षण, भरण, शिक्षण इत्यादि वैसा ही करता है जैसा वह अपनी सन्तान का करता है।

कौटिल्य ने शत्रुनाश के लिए अनैतिक उपायों के करने का भी उपदेश दिया है। परन्तु इस सम्बन्ध में अर्थशास्त्र के निम्न वचन को नहीं भूलना चाहिएः–

एवं दूष्येषु अधार्मिकेषु वर्तेत, न इतरेषु। (५/२)

अर्थात्– इन कूटनीति के उपायों का व्यवहार केवल अधार्मिक एवं दुष्ट लोगों के साथ ही करे, धार्मिक लोगों के साथ नहीं। (धर्मयुद्ध में भी अधार्मिक व्यवहार सर्वथा वर्जित था। केवल कूट–युद्ध में अधार्मिक शत्रु को नष्ट करने के लिए इसका प्रयोग किया जा सकता था।)

आचार्य चाणक्य का मानना था कि राजा या मंत्री अपने आदेश, चरित्र और जीवन के उच्च आदर्शों द्वारा लोगों के समक्ष प्रतिमान स्थापित कर सकते हैं। उन्होंने सदैव मर्यादाओं का पालन करते हुए कर्मठता के साथ जीवन बिताया। उन्हें धन, यश और पद का कोई लोभ नहीं था। ऐसा कहा जाता है कि वे मंत्री पद को त्यागकर वानप्रस्थ जीवन व्यतीत करने वन में चले गये थे। वस्तुतः यही कहा जा सकता है कि वह एक कर्मनिष्ठ, तपस्वी, मर्यादाओं के साथ जीवन जीने वाले व्यक्ति थे। उनका जीवन आज भी अनुकरणीय है।

आचार्य चाणक्य की राज्य संबंधी अवधारणा

आचार्य चाणक्य राज्य की उत्पत्ति के संबंध में दैवीय सिद्धांत के स्थान पर सामाजिक समझौते के पक्षधर दिखाई देते हैं। वह प्राकृतिक दशा को अराजकता की संज्ञा देते हैं। कौटिल्य राजतंत्र की पक्षधरता की बात करते हैं। कौटिल्य ने अपने 'अर्थशास्त्र' में राज्य संचालन के लिए "सप्तांग सिद्धांत" की बात की है।

आचार्य चाणक्य ने राजतंत्र की संकल्पना को अपने चिंतन का केन्द्र बनाया है। वह लौकिक मामलों में राजा को सर्वोपरि मानते थे परन्तु कर्त्तव्यों के मामलों में वह स्वयं को धर्म से बांधे हुए थे। वह राज्य को धर्म का व्याख्याता नहीं अपितु रक्षक मानते हैं। वह राज्य अर्थात् प्रजा के हित को सर्वोपरि मानते हैं। यदि राज्य हित और नैतिकता में टकराहट की स्थिति उत्पन्न हो जाये तो नैतिकता पर राज्य हित को वरीयता की बात करते हैं। राजा का कर्त्तव्य है कि वह अपनी प्रजा को बाह्य आक्रमणकारियों से सुरक्षित रखे तथा आंतरिक व्यवस्था, न्याय की रक्षा तथा दैवीय आपदाओं (बाढ़, आग, महामारी आदि) से प्रजाजन को बचाये।

राजा का कर्तव्य अपनी समस्त प्रजा के लिए सामाजिक न्याय की स्थापना करना है। सामाजिक न्याय तभी स्थापित हो सकता है, जब प्रत्येक व्यक्ति अपने कर्त्तव्यों का सही से निर्वहन करे – जैसे पिता–पुत्र, पति–पत्नी, गुरु–शिष्य। विवाह विच्छेद की स्थिति में वह स्त्री पुरुष के समान अधिकारों पर जोर देते हैं। स्त्रीवध और ब्राह्मण हत्या को गंभीर अपराध माना गया है।

आचार्य चाणक्य ने विदेशी संबंधों के संचालन के लिए छः प्रकार की नीतियों का वर्णन किया है। उनके अनुसार प्रत्येक राजा को उन नीतियों का प्रयोग राज्य के कल्याण के दृष्टिकोण से किया जाना चाहिए। कौटिल्य ने विदेश नीति के संबंध में कूटनीति के चार सिद्धांतों का प्रयोग किया है– साम, दाम, दण्ड, भेद। उनके अनुसार दण्ड (युद्ध) का प्रयोग सबसे अन्त में किया जाना चाहिए, क्योंकि इसमें विपक्षी के साथ–साथ अपनी भी क्षति होती है।

आचार्य कौटिल्य राजनीति के प्रकाण्ड विद्वान एवम् चन्द्रगुप्त (मौर्य साम्राज्य) के महामंत्री होने के बावजूद अत्यंत सादगी से जीवन जीते थे। सादा जीवन उच्च विचार यही उनके जीवन का सार था।

आचार्य चाणक्य जीवन दर्शन के ज्ञाता थे। वे महान शिक्षक भी थे। उन्होंने जीवन में जो अनुभव प्राप्त किए, जिन नियमों का निर्माण किया, उन्हीं का उपदेश देकर वे इतिहास में अमर हो गए।

आद्यसरसंघचालक डा॰ केशव बलिराम हेडगेवार

१२

आद्यसरसंघचालक डा॰ केशव बलिराम हेडगेवार

डा॰ हेडगेवार का पूरा नाम "केशव बलिराम हेडगेवार" था। मूल गांव कन्दकूर्त्ती था। आंध्र प्रदेश के तेलंगाना क्षेत्र की बंजरा, हरिद्रा, गोदावरी इन तीन नदियों के संगम पर यह गांव स्थित है। जिस प्रकार वहां तीन नदियों का पानी एक दूसरे से मिल जाता था, उसी प्रकार से मराठी, तेलगू, कन्नड भाषायें भी प्रचलन में थी। आद्य शंकराचार्य ने हेडगेवार घराने के किसी व्यक्ति को धर्म रक्षक के रुप में नियुक्त

किया था। मूलतः संस्कृत विद्या की परंपरा इस कुल में दीर्घकाल से चली आ रही थी। सन् अठारह सौ के आस–पास डा॰ हेडगेवार के प्रपितामह कन्दकूर्त्ती से नागपुर आ गए। डा॰ हेडगेवार के पिता बलिराम पंत एक प्रख्यात पुरोहित थे।

जब अपना भारत अंग्रेजी सत्ता के नीचे दबा पड़ा था, तब उस परकीय सत्ता का जुआ उतार फेंकने के लिए प्रयास हो यह स्वाभाविक ही था। किन्तु स्वतंत्र होने का अर्थ केवल अंग्रेजों को हटा देना है, इस तरह की उथली धारणा को लेकर हो रहे प्रयत्नों को देखकर डा॰ हेडगेवार ने धैर्य से अग्रसर होकर भारत के स्वत्व की यथार्थ कल्पना समाज के सामने स्पष्ट रुप से रखी। तीस करोड़ होते हुए भी हम परतंत्र क्यों हुए? इसका सही कारण खोज कर उन्होंने उस कारण को दूर करने का प्रयास पूरी शक्ति से प्रारंभ किया।

भारत, ही मेरी जन्मभूमि, कर्मभूमि और धर्मभूमि है। यह बात हिन्दू को सीखनी नहीं पड़ती। जन्म लेने के क्षण ही इस भूमि की सांस्कृतिक विरासत उसकी व्यक्तिगत विरासत का एक अविभाज्य घटक बन चुकी होती है। इस कारण उसका व्यक्तिगत, सामाजिक, राजकीय अथवा सांस्कृतिक क्षेत्र का कोई भी कार्य अपने आप ही इस देश का पूर्व काल से चलते आये जीवन प्रवाह के साथ एक रुप हो जाने वाला होता है। वह अन्तर्राष्ट्रीय हो ही नहीं सकता। इसका कारण हिन्दू समाज के पुनरुत्थान के लिए किया हुआ कोई भी कार्य अपने आप ही राष्ट्रीय कार्य हो जाता है।

हिन्दू शब्द का उच्चारण होते ही वह संस्कृति का वाचक न रहकर हिन्दू धर्म का स्मरण कराता है। यह सत्य है। भारत यह इस देश का सर्व प्रचलित नाम था। आर्यावर्त, भारतवर्ष, भरत भूमि, भरतखंड, ऐसे अन्य नाम भी हैं। उनका उच्चारण करते ही हिमालय से लेकर कन्याकुमारी तक सम्पूर्ण विशाल देश दृष्टि के सामने आ जाता है। इन सब के मूल में हिन्दू संस्कृति ही है।

हमारे देश का नाम हिन्दुस्तान है, हिन्दी स्थान नहीं। यह प्रयत्न करना होगा कि हिन्दुस्तान का नाम हिन्दी स्थान, इस्लामिस्तान न हो जाये। हिन्दुस्तान हिन्दुओं का है और आगे भी वैसा ही रहना चाहिए। यह देश धर्मशाला तो नहीं है कि कोई भी आये और बिस्तर बिछाकर अपना आसन जमा ले। जिनका इतिहास, परंपरा, समाज, धर्म, संस्कृति, विचार तथा हित के संबंध एक होते हैं, वे ही राष्ट्र कहलाते हैं।

हिन्दुस्तान एक राष्ट्र है और हिन्दू एक समाज है। हम सब इसके अंग हैं और समाज का प्रत्येक अंग राष्ट्र के लिए है। राष्ट्र रुपी इस विराट स्वरुप के सभी अंगों को इसकी पूर्णता के लिए कार्य करना चाहिए। आज हम कमजोर हैं और हममें आत्मविश्वास की कमी है। इसका एकमात्र कारण सामूहिक चिंतन और संस्था का अभाव है। राष्ट्र की प्रत्येक गतिविधि के साथ हमारे शरीर में भी समरूप गतिविधि होनी चाहिए। मैं और राष्ट्र दोनों एक ही हैं ऐसा समझकर जो राष्ट्र से तन्मय हो, वही सच्चा राष्ट्रसेवक है।

जय–पराजय, उत्कर्ष–आकर्षण ऐसा सारा चढ़ना–उतरना इस प्रदीर्घ इतिहास में आ गया। इस सबका साक्षी ऐसा जो समाज हिन्दू समाज कहा जाकर पहिचाना जाता है। महत्व का मुद्दा जो है वह वही है कि इस खंड प्रायः देश का और यहां की विशिष्ट संस्कृति का जो शिल्पकार है वह है हिन्दू समाज। हिन्दुस्तान का पंचप्राण यानी उसकी हिन्दू संस्कृति। इस कारण हिन्दुस्तान का रक्षण करना इसी का अर्थ है। हिन्दू संस्कृति का रक्षण करना अपना आद्य कर्त्तव्य सिद्ध हो जाता है। यदि हिन्दुस्तान की हिन्दू संस्कृति नष्ट होने वाली है तो फिर बचे रहने वाले केवल भूमि के टुकड़े को हिन्दुस्तान अथवा हिन्दुराष्ट्र यह नाम शोभा नहीं देगा, कारण, कि राष्ट्र का अर्थ केवल भूमि का टुकड़ा नहीं होता। हिन्दुस्तान का इतिहास अर्थात इस देश का कई हजार वर्षों का इतिहास है। इस देश का आज का इतिहास

भी वही समाज बना रहा है और आने वाले कल का इतिहास भी प्रधानतः से इसी समाज के द्वारा गढ़ा जाने वाला है।

सांस्कृतिक अस्मिता यह एक व्यापक और गहराई तक पहुँचाने वाली संकल्पना है। समाज की जीवन के प्रति दृष्टि, स्वीकार किए हुए आदर्श अथवा स्वीकार किये हुए मूल्यों का बोध प्रधान रुप "संस्कृति" इस शब्द से होता है। रुढ़ि अर्थ में जिसे धर्म कहते हैं, उसका संबंध मुख्य रूप से उपासना पद्धति, देवी–देवताओं और विशिष्ट आचारों से होता जाता है। काल परिवर्तन के अनुरूप आचार में भी परिवर्तन होता है। हजारों वर्षों के इतिहास में धर्म के इस रूप में भी परिवर्तन होता आया है। परन्तु ज्ञान, धर्म तथा कला इन सभी को अपने में समा लेने वाली संस्कृति की संकल्पना इन सब के पार पहुंच जाती है।

इस भारतवर्ष की ऐसी एक संस्कृति शतकों से विकसित हुई है। संसार के लोगों को उसकी पहिचान है ऐसी इस संस्कृति का मूलाधार उसे आकार प्रदान करने वाला उससे संबंध रखने वाला वह हिन्दू समाज ही है। अनेकों भेदों को अपने में समा लेने वाली यह संस्कृति सर्वाधिक महत्वपूर्ण है। इस संस्कृति में कुछ दोष भी हो सकते हैं, परन्तु उन दोषों को दूर करने का भार हमको ही उठाना होगा और इसके लिए इस संस्कृति के निर्माता और उत्तराधिकारी हम ही हैं, इसका स्मरण रखना होगा।

उन्होंने हिन्दुस्तान की राष्ट्रीयता को साम्प्रदायिक चेतना अथवा औपनिवेशिक शासन विरोधी भाव के क्षणिक एवं अस्थाई संचार के रुप में न देखकर, राष्ट्र के भीतर के ऐतिहासिक स्थान के अंदर से प्रस्फुरित होने वाले सकारात्मक एवं स्थाई भाव के रुप में देखा था। एक सफल राष्ट्र का आधार अस्त्र–शस्त्र नहीं बल्कि लोगों में राष्ट्र प्रेम की भावना, राष्ट्र के सम्मान की रक्षा में सर्वस्व न्यौछावर कर देने की आत्मशक्ति में निहित रहती है।

उन्होंने हिन्दुस्तान की संस्कृति एवं धर्म को सभ्यता के प्रवाह का अंग माना है। अतः भारत की सभ्यता और राष्ट्र परस्पर एक दूसरे पर निर्भर हैं। राष्ट्र का उद्भव सभ्यता की कोख से हुआ है और सभ्यता का प्रवाह राष्ट्र के संबल से होता है। अतः हिन्दूराष्ट्र चिंतन काल की ऐतिहासिक चेतना को सांस्कृतिक रुप से प्रतिबिंबित करने वाला एक दर्पण है। हिन्दू दर्शन, साहित्य, संस्कृति एवं इतिहास के एकत्व का बोध कराता है। हिन्दू संगठन राष्ट्रीयता को सभ्यता के परिप्रेक्ष्प में स्थायी, गतिमान, एवं ठोस आधार प्रदान करने का उपकरण मात्र है। हिन्दुओं का संगठन एक राष्ट्रीय कार्य है।

स्वतंत्रता के बिना कोई राष्ट्र जीवित नहीं रह सकता। जब तक हमारा राष्ट्र परतंत्र है, तब तक हम सब मनुष्य मुर्दे के समान हैं। स्वतंत्रता जितनी मीठी है, उतनी ही महंगी भी है। उसे प्राप्त करने के लिए हमें भारी मूल्य चुकाना पड़ेगा। यह कीमत चुकाने का सामर्थ्य जब आपके पास होगा, तभी आपको स्वतंत्रता की मांग करने का अधिकार भी मिलेगा। उसके लिए हम सबको अपने स्वतः की, धन की, शक्ति की और पुरुषार्थ की आहुति देनी होगी। स्वतंत्रता केवल पैसे से नहीं मिलती है उसे प्राप्त करने का एक मार्ग है– ''संगठन और सामर्थ्य।'' संगठन करने का, सामर्थ्य सम्पादन का, जो रास्ता आपको अच्छा लगे चलें। पर एक बार मार्ग स्वीकार करने पर, एक पग आगे बढ़ाने पर, पीछे मुड़ने का विचार तक मन में मत लाइये। बराबर आगे ही बढ़ते जाइये। जब आपके अंदर पर्याप्त सामर्थ्य पैदा हो जायेगा तब सब प्रश्न सहज रुप से हल हो जायेंगे।

स्वयं की प्रेरणा एवं स्वयं की स्फूर्ति से राष्ट्र सेवा का बीड़ा उठाने वाले व्यक्तियों का केवल राष्ट्र कार्यार्थ निर्मित संघ ही राष्ट्रीय स्वयंसेवक संघ है। प्रत्येक राष्ट्र में उस राष्ट्र के व्यक्ति अपने देश की सेवा करने के लिए ऐसे ही संघ का निर्माण करते हैं। यही हमारा प्रियतम हिन्दू राष्ट्र अर्थात हिन्दुस्तान है। हमारा कार्यक्षेत्र रहने के नाते उसी के हित रक्षणार्थ हमने इस देश में संघ स्थापित किया है तथा

इसी संघ के आधार पर हमने राष्ट्र की सर्वांगीण उन्नति करने का निश्चय किया है।

राष्ट्र साधकों की परंपरा स्थापित करने वाले प्रेरणा पुरुषों की दुर्लभमय श्रेणी में डा॰ हेडगेवार भी हैं। उनकी राष्ट्र साधना के जीवन व्रत और त्याग के असीम सामर्थ्य से प्रेरित होकर लोग व्यक्तिगत एवं पारिवारिक जीवन की सीमाओं से बाहर निकलकर राष्ट्रहित के लिए कार्यरत हैं।

किसी स्वप्न दृष्टा के जीवन एवं विचारों की सार्थकता उसके द्वारा भावी पीढ़ियों के राष्ट्रीय जीवन को प्रभावित करने की क्षमता में निहित होती है। ऐसे व्यक्तियों का मूल्यांकन हमेशा अधूरा ही रहता है और इतिहास के घटनाक्रम में ही उनकी पूर्णता और प्रबलता स्थापित होती है।

किसी व्यक्ति की प्रवृत्ति राष्ट्रीय होना अथवा कोई कार्य राष्ट्रीय होना इसका अर्थ उस व्यक्ति का कार्य अथवा कार्य का उद्‌देश्य इस राष्ट्र की संस्कृति का संरक्षण करना और उस संस्कृति का संवर्धन करने वाले समाज का जीवन उज्जवल करना होता है। इस देश के साथ एकनिष्ठता का भाव रहना यह मूल तत्व होता है।

जो इस देश पर आक्रमण करने के उद्‌देश्य से आये थे, उनके लिए अपनी आक्रमणशीलता एक ओर रखे बिना राष्ट्रीय प्रवाह के साथ समरस होना संभव नहीं था। इस देश पर अपने धर्म की अधिसत्ता निर्माण करती है। उसके लिए यहां के लोगों को किसी न किसी प्रकार से अपने धर्म में लाना है और सदैव अपना प्रभुत्व बनाए रखना है। इस प्रकार का दुराग्रह एक बार छोड़ दें तो उसके लिए भी राष्ट्रीयत्व का मार्ग सरल और सुलभ होता जाता है।

आज भी अपना समाज चारों ओर से नोचा जा रहा है। वह ऐसे ही नोचा जाता रहा, तो निकट भविष्य काल में इस समाज के नष्ट हो जाने की संभावना है। यह विदारक सत्य उनको अपनी आंखों के

सामने स्पष्ट दिखाई दे रहा था। अपने समाज और संस्कृति, इनके गौरवशाली भविष्यत्व का स्वप्न साकार करने के लिए उनकी आत्मा छटपटा रही थी। किसी भी आक्रमण का प्रतिकार कर सके, हिन्दू समाज को इतना समर्थ व संगठित करने के लिए अन्य कोई मार्ग शेष नहीं है। देश के उज्ज्वल भविष्य का विश्वास दिलाने वाला यही कार्य राष्ट्रीय कार्य है।

संसार में जन्म लेने वाला प्रत्येक मनुष्य अपने जन्म के साथ ही अपने ऊपर तीन ऋण लेकर आता है जिसे पूर्ण रूप से चुका पाना कभी भी संभव नहीं होता। माता पिता का ऋण, देश की भूमि का ऋण, ऋषियों का ऋण, उस संस्कृति और समाज का ऋण, जिसके आधार से वह जीवन जीता है। राष्ट्रीय स्वयंसेवक संघ का यथासंभव कार्य करते हुए इनमें से अंतिम दो ऋणों का अल्पांश ही सही वापस लौटाया जा सकता है। यह बात समझना बहुत कठिन नहीं है। कारण संघ का लक्ष्य ही समाज की सेवा करते हुए अपनी संस्कृति का संवर्धन करना है, परन्तु संघ के ही कार्य के माध्यम से माता–पिता के ऋण का कुछ अंश चुकाया जा सकता है।

अपने आराध्य हिन्दू राष्ट्र का परिपूर्ण साक्षात्कार होने के कारण ही उन्हें सम्पूर्ण संकट, सब बाधायें सहज ही प्रतीत हुईं तथा अपने उपास्य की भक्ति की प्रखर ज्वाला में व्यक्तिगत एवं कौटुम्बिक जीवन के आकर्षण और सब प्रकार का स्वार्थ जलाकर भस्म करने का अलौकिक आनंद उन्होंने अनुभव किया। व्यक्तिगत आशा–आकांक्षा मान–सम्मान आदि सम्पूर्ण स्वार्थों को भस्म कर राष्ट्र सेवक का विशुद्ध एवं परिपूर्ण स्वरूप यह हमें दिखेगा। उनके सदैव प्रसन्न एवं हंसमुख जीवन का अभ्यास कर अपने अंतःकरण में यह स्पष्ट छाप पड़ेगी। बिखरा सुख एवं जीवन की सार्थकता का समाधान स्वार्थ शून्यता में ही निहित है। अपने राष्ट्र के स्वरूप के निश्चित एवं स्पष्ट साक्षात्कार की अनुभूति होते ही उन्होंने राष्ट्र की अवनति, ह्रास और पराभव की

मीमांसा, सत्य मार्गदर्शक इतिहास के प्रकाश में की। अपने समाज के व्यक्तियों में सामाजिक भावना का अभाव मातृभूमि, धर्म, संस्कृति आदि का केवल तांत्रिक एवं औपचारिक स्मरण और पालन पर्याप्त नहीं है, अपितु समस्त विदेशी आघातों से उनकी रक्षा के लिए जान को हथेली पर लेकर चलने की तैयारी रखनी होती है। इस विषय का अज्ञान, सामाजिक और राष्ट्रीय कर्त्तव्यों के प्रति उदासीनता, परस्पर की नित्य सहायता करने की तत्परता न होना, क्षुद्र स्वार्थपरायणता आदि इसी प्रकार के अनेक अवगुणों से प्राप्त होने के कारण समाज असंगठित, जर्जर और दुर्बल हो गया है तथा इस शक्तिहीनता से ही उसे पराभव, परतंत्रता एवं सभी क्षेत्रों में निकृष्ट अवस्था प्राप्त हुई। यह सत्य उन्होंने हृदयंगम कर सम्पूर्ण समाज के सम्मुख रखा। उन्होंने यह भी निष्कर्ष निकाला एवं देश को बताया कि इस दुरावस्था को दूर करने का एक ही उपाय है कि व्यक्ति पर सामाजिक एवं राष्ट्रीय जीवन के सत्संस्कार कर, उन्हें सूत्रबद्ध एवं अनुशासित शक्ति के अंग के रुप में सिद्ध किया जाये तथा राष्ट्र की समष्टि में अपने व्यक्तित्व को विलीन करने के गुणों के आधार पर एक अखिल देशव्यापी अनुशासित शक्ति एवं संगठित सामर्थ्य का निर्माण किया जाये।

यद्यपि परिस्थिति के अनुसार उन्होंने राजनीति का अवलंबन किया था, फिर भी राष्ट्र के उत्कर्षापकर्ष के कारणों की मीमांसा कर उन्होंने यह ध्यान में रखा कि स्पर्धा, ईर्ष्यादि पूर्ण प्रचलित राजनीति केवल अनुपयुक्त ही नहीं अपितु यदि पूरी सतर्कता नहीं बरती गयी तो हानिकारक भी सिद्ध हो सकती है। साथ ही यह सत्य पहचान कर कि राष्ट्र के उज्ज्वल भविष्य की आधारशिला उसका जाग्रत, अनुशासित एवं सुसंगठित सामर्थ्य ही है उन्होंने परिस्थिति के आघात, प्रत्याघात, स्वकीयों की टीका एवं अवमानना आदि को हंसते–हंसते सहकर भी उस तंत्र को खड़ा करने में अपना सर्वस्व जीवन लगा दिया, किन्तु उन्होंने अपना आदर्श सबके सामने रखते हुए यह शिक्षा भी दी कि इन कार्य पद्धतियों से दूर रहकर ही समाज संगठन संभव है।

उनके मन में राष्ट्र विमोचन की, राष्ट्रोन्नति की–उत्कट लगन, उनमें राष्ट्रभक्ति का यह भाव बाहय परिस्थिति के कारण उत्पन्न नहीं हुआ था अपितु अभिजात उनका स्थाई स्वभाव ही था। बचपन से ही वह प्रकट होता था। तत्कालीन अंग्रेजी शासन की दासता के कारण एक विशिष्ट स्वरुप में उनकी राष्ट्र भक्ति का अविर्भाव होना अपरिहार्य था। किसी न किसी प्रकार विदेशी राज्य को देश से उखाड़ फेंकना चाहिए उनकी यह इच्छा इसी उत्कट राष्ट्र भक्ति में से पैदा हुई थी। अंतःकरण में निर्भय पौरुष का भाव होने के कारण सशस्त्र क्रांति की ओर उनका झुकाव सहज था किन्तु दूसरे मार्गों का समादर न करने की क्षुद्रता उनके अंदर नहीं थी। उनकी तो यही उदात्त भूमिका थी कि सब अपने–अपने प्रकार से विदेशी सत्ता को निर्मूल करने के लिए प्रयत्नशील हों। अतः अपने ही मार्ग का हठ धारण कर अन्य सब प्रकार के काम करने वाले को हीन और हेय न मानते हुए सब के बीच जितना संभव हो सहयोग बना रहे।

उनका मन समाज हित के रंग में रंगा हुआ था। केवल एक लूले के कष्ट को देखकर उनका ममता भरा हाथ नहीं बढ़ा था, अपितु उनका मन तो दुर्बल और परावलंबी हिन्दू समाज की स्थिति को देखकर व्यथित था तथा उसकी इस दुरावस्था को दूर कर उसे बलशाली, स्वावलम्बी तथा विजयी बनाने के लिए उन्होंने अपने हाथ आगे बढ़ाये थे। उनके गले में पहनी हुई मोहक एवं सुगन्धित पुष्पमालाओं की शीतलता के नीचे परतंत्रता को दग्ध करने वाली आकांक्षा का ज्वालामुखी धधक रहा था। उन्हें पुष्पहार नहीं भक्तिभाव से मातृभूमि के चरणों पर जीवन अर्पण करने वाले युवकों का उपहार चाहिए था। उन्हें अपने चारों ओर टिमटिमाते हुए दीपों की आरती की कामना करने वाले, अपने प्राणों की बाती जलाकर भीषण परिस्थिति के झंझावातों में भी धैर्य और तरुणाई का घृत डालकर प्रदीप्त करने वाले देशभक्तों की चाह थी।

बाल्यकाल से ही विविध राजनैतिक गतिविधियों में संलग्न विदेशी राज्य के नाम से ही जो क्षुब्ध एवं क्रुद्ध हो जाये इस प्रकार संवेदनशील एवं उत्कट भावनापूर्ण व्यक्ति को प्रचलित राजनैतिक कार्यों से अपना हाथ खींचे बिना मन को हरा लेना था। सब प्रकार से बुद्धि को जांचने वाले कार्य के अनुकूल ही अपने मनोभाव को बनाना कितना कठिन हुआ होगा और इस प्रकार का परिवर्तन अपने अंदर लाने वाले की विवेकशक्ति कितनी अटल होगी। इसकी कल्पना करना भी कठिन है। इस प्रकार का कल्पनातीत शक्ति सम्पन्न विवेक एवं कार्यनिष्ठा उनके पवित्र निस्वार्थ एवं राष्ट्र समर्पित जीवन के कारण ही प्राप्त करना संभव था। यह उनके जीवन का अत्यंत भव्य एवं अकल्पनीय चमत्कार है।

अपने उग्र स्वभाव के अनुसार सशस्त्र प्रतिकार उनको प्रिय था। फिर भी उसके मूल में राष्ट्र भक्ति की ही प्रेरणा होने के कारण अंग्रेज पराये शत्रु एवं शोषक होने पर भी केवल उसके विरोध का विचार उनके मन में रहे यह संभव नहीं था। अतः जो राष्ट्र भक्ति अंतःकरण में है वह कैसी है? उसका स्वरुप क्या है? उसका शरीर अर्थात दृश्यरूप किनके कारण बना है? आदि मूलभूत प्रश्नों का उन्होंने गहन चिंतन किया। भूतकाल में घटने वाले तथा प्रत्यक्ष अपनी आखों के समक्ष हुए प्रसंगों से उन्हें अपनी पुण्य भूमि का–राष्ट्र जीवन हिन्दू जीवन ही है इस त्रिकालाबाधित सत्य का साक्षात्कार चाहे वे बाल्य–काल में अपनी अनुभूति को सप्रमाण स्पष्ट एवं असंदिग्ध रुप से न बता पाये। उनके जीवन में तथा आज भी जिस अनैतिहासिक एवं असत्य तथाकथित सम्मिश्र राष्ट्रदर्शन का मंडन एवं गुणगान किया जाता है वह बुद्धि और तर्क की कसौटी पर खोटा तथा विशुद्ध राष्ट्र भावनाओं को दुखाने वाला है। इस खोटे राष्ट्रदर्शन के कारण ही अपने और पराये, राष्ट्रीय समाज और उसके शत्रु, विदेशी आक्रमण एवं उनके आक्रमणों से स्वदेश, स्वसमाज और स्वजीवन की विशेषताओं की रक्षा करने में प्राणपण से जूझनेवाले की परख करने में अक्षम्य घोटाला हुआ है। जब तक अपना राष्ट्र इस भ्रम और असत्य का आधार लेकर चलने

का हठ करता रहेगा, तब तक उसके ऊपर एक के बाद एक अनिष्ट आते रहेंगे। अपमानित, असुरक्षित एवं संकटग्रस्त राष्ट्र जीवन का उत्तरोत्तर ह्रास होते हुए कदाचित अंत में उसके विनाश की घड़ी भी आ जाये, यह दुःखद प्रतीत होता है। यदि पक्षाभि निवेश, दुराग्रह एवं अन्य समाजों का भय मन में से निकालकर अपने राष्ट्र जीवन का विचार किया, तो यही कहेंगे कि अपना हिन्दू राष्ट्र ही है। पहले था और अपने पराक्रम से आगे भी सदैव के लिए उसे सर्वश्रेष्ठ अवस्था में रखना है। उनमें अद्‌भुत सहजता एवं आकर्षकता थी। जिस हिन्दू समाज में शव यात्रा छोड़कर और कभी चार जनों के मुंह एक दिशा में नहीं होते थे, उसमें हजारों तरुणों का हिन्दू राष्ट्रोत्थान के लिए देशव्यापी संगठन उन्होंने पन्द्रह वर्षों में साकार करके दिखा दिया। यह उनकी असामान्यता ही थी कि उन्होंने स्वयं अपने से ही अनुशासन का पाठ प्रारंभ किया था। उनका आग्रह था कि संगठन में किसी बात की योजना की जाये तो वह तुरंत तथा ठीक–ठीक होनी चाहिए। हिन्दू समाज में किसी के भी दोष अथवा अपराध देखकर उनको क्रोध आ जाता था, पर वह थोड़ी देर में ही शांत हो जाता था। किन्तु पारतंत्र्य अथवा हिन्दुओं पर अत्याचार की बात सुनते ही उनके संयम का बांध टूट जाता था तथा क्रोधाग्नि भड़क उठती थी।

अपने समाज का अभ्युदय करने के लिए असंख्य व्यक्ति खड़े करने होंगे। इसी विचार से उनके सब व्यवहार होते थे। उसमें उनकी कोई भी व्यक्तिगत इच्छा अथवा आकांक्षा का समावेश नहीं था। त्याग, आत्म–समर्पण, स्वार्थ का होम आदि शब्दों के प्रयोग के मूल में भी अहंभाव छिपा हुआ है। वे तो हिन्दू समाज के जीवन से इतने एकात्म हो गये थे कि नयी पीढ़ी को हाथ में लेकर उन्हें हिन्दू राष्ट्र उद्धार की आकांक्षा से प्रेरित कर भावी इतिहास निर्माण करने के कर्त्तव्य को उन्होंने पैदा किया। उनका मन यही मानता था कि इससे तथा और केवल इससे ही राष्ट्र को चैतन्य युक्त किया जा सकेगा और इस काम में जैसे वे निमग्न हो गये थे वैसे ही दूसरे भी रम जायें यह उनकी

स्वाभाविक इच्छा थी। वे अनेक बार पूछते थे कि तुम्हारे सिर संघ का भूत सवार हुआ या नहीं।

स्वार्थरहित एवं ध्येयनिष्ठ जीवन ही विशुद्ध एवं चरित्र सम्पन्न रह सकता है और वे तो अंतः–बाह्य शुचिता की साक्षात मूर्ति ही थे। उनकी ओर देखकर यही लगता था कि मानो शुचिता मानव रुप धारण कर व्यवहार कर रही हो। आज तरुण पीढ़ी के मन में यह भाव नहीं आता कि समाज जियेगा तो मैं भी जियूंगा। हम कुटुम्ब निष्ठा के रोग से ग्रस्त हैं। जिनके अंतःकरण में व्यक्तिगत स्वार्थ को किंचित मात्र स्थान नहीं है। ऐसे खरे देशभक्त कितने मिलेंगे? बहुत ही थोड़े। हिन्दू राष्ट्र का विचार करते समय व्यक्ति का विचार मन से निकाल डालिए। मैं और राष्ट्र एक ही हैं, यह भाव लेकर राष्ट्र एवं समाज के साथ तन्मय होता है, वही सच्चा राष्ट्र सेवक है।

सार्वजनिक जीवन में चरित्र रक्षा करने के संबंध में उदासीनता ही नहीं अपितु चरित्र आदि विषयों की अवहेलना करने की जो प्रवृत्ति चारों ओर दिख रही है, उस पृष्ठभूमि में प्रखर पावित्र्य के तेज से चमचमाता उनका जीवन अधिक उभरा हुआ दिखेगा तथा अपने मन को आकृष्ट करता हुआ हमारे अंतःकरण में भी अपने जीवन को शुचितापूर्ण एवं मंगलमय बनाने की प्रेरणा और विश्वास निर्माण कर सकेगा।

समाज की बुराई दूर करने के लिए यदि डा॰ अम्बेडकर ने रुढ़ियों पर कठोर प्रहार का मार्ग अपनाया, अपने लोगों को समाज में सम्मानित स्थान दिलाने के लिए अपनी रुचि के विपरीत राजनीति का माध्यम चुना, तो डा॰ हेडगेवार ने अतीत मे जो श्रेष्ठ, उदात्त एवं कल्याणकारी था, उसके आधार पर हिन्दुत्व का उज्ज्वल रूप सामने रखते हुए समाज के मन को विशाल सर्वसमन्विक– और रुढ़िमुक्त बनाने पर जोर दिया।

बाहर से सामान्य दिखने वाले स्वरूप में असामान्यता का तेज दिखेगा तथा प्रत्येक के मन में यह आत्मविश्वास जगेगा कि मैं भी

अपने अंतःकरण पर राष्ट्र समर्पित जीवन के संस्कार डालकर उन्हें दृढ़ रखते हुए अपने विकारों को नष्ट कर स्वभाव को शुद्ध करके राष्ट्र के चिरकालीन वैभव के निर्माण के लिए तथा बाह्य वातावरण के आकर्षण पर विजय प्राप्त कर राष्ट्र की स्थाई शक्ति के एक अटल अंग के नाते जीवनपर्यन्त परिश्रम करते हुए अपना जीवन सफल एवं सार्थक कर सकूंगा।

संगठन की बातें करना सरल है, पर उसे व्यवहार में लाने के लिए आवश्यक था कि एक ऐसा तंत्र निर्माण किया जाये जिसके द्वारा शुद्ध राष्ट्रीय भाव एवं राष्ट्र समर्पित जीवन के संस्कार अंतःकरण पर हो सकें और दृढ़ रह सकें तथा परंपरानुकूल स्नेहपूर्ण व्यवहार व्यक्तियों का स्थाई स्वभाव ही बन जाये। इस आवश्यकता की पूर्ति के लिये उन्होंने राष्ट्रीय स्वयंसेवक संघ की प्रतिदिन की शाखा तंत्र का निर्माण किया। इसके लिए योग्य एवं अंगभूत व्यवहार का निर्धारण किया और अपने दुरतिक्रम स्वभाव को भी बदलकर उस व्यवहार के अनुरूप बनाकर उन्होंने असंभव को भी संभव कर दिखाया।

यदि कर्त्तव्यवान एवं गुणी व्यक्ति अनेक आपत्तियों में से मार्ग निकालता हुआ सफलता की ओर प्रशस्त होता है, तो उसमें आत्म–विश्वास के स्थान पर अहंकार उत्पन्न हो जाता है। स्वभाव उग्र हो जाता है। दूसरों को तुच्छ समझने की प्रवृति उत्पन्न होती है। यह सब होना तथा उसके कारण गैर–मिलनसार की प्रवृत्ति होना स्वाभाविक होने पर भी ईष्ट नहीं है। विशेषकर राष्ट्र सेवा का व्रत लेने वालों को तो इस प्रकार की प्रवृत्तियों को आश्रय देना सर्वथा अनुचित है। उनको तो कुल परंपरा से क्रोधी स्वभाव तथा आत्मनिर्भर रहने का स्वाभिमान प्राप्त हुआ था। इसके अतिरिक्त सभी संकटों का सामना करते हुए उन्हें परास्त कर अकेले ही राष्ट्रीय स्वयंसेवक संघ जैसी अतुलनीय संगठित सामर्थ्य उत्पन्न करने में उन्हें कल्पनातीत सफलता मिली थी। इस स्थिति में उनके मन में अहंकार, तुनुक मिजाजी आदि

अवगुणों के उत्पन्न होने के लिए पर्याप्त अनुकूलता थी परन्तु उनके जीवन की ओर देखने से पता चलता है कि वे इन सभी अवगुणों से सदैव अलिप्त रहे। उनके जीवन में तो सौजन्य निरभिमानता, अहंकार शून्यता, मिलन–सारिता का स्वभाव एवं वाणी की मृदुता, प्रत्येक परिस्थिति में क्षोभ रहितता आदि गुणों का ही परिपोषण दिखता है। वंश परंपरा से प्राप्त क्रोधी स्वभाव उनके बाद के जीवन में नहीं सा हो गया था। "स्वभावो दुरतिक्रमः" यह कहा गया है। किन्तु उन्होंने उसको भी जीतकर अपने काबू में कर लिया था। उनका यह स्वभाव परिवर्तन इतना विलक्षण था कि मनोवैज्ञानिक चमत्कार ही कहा जायेगा।

किसी व्यक्ति के जीवन की सार्थकता उसकी लम्बी आयु में न होकर उसके कर्त्तव्य में होती है। प्रत्येक व्यक्ति अपनी क्षमता दृष्टि और कल्पना के अनुसार कर्म पथ पर अग्रसर होता है। वह अपने व्यक्तित्व तथा सकारात्मकता से समाज, राष्ट्र और सभ्यता के प्रवाह को जब प्रभावित करता है, तब वह इतिहास के पृष्ठों पर अंकित हो जाता है। आने वाली पीढ़ियां उसका मूल्यांकन करती हैं और उससे प्रेरणा लेती हैं। डॉ॰ हेडगेवार ने भी अपने कर्म, विचार, दृष्टिकोण और जीवन मूल्यों से भारतीय राष्ट्र एवं इसकी सभ्यता, संस्कृति और पहिचान को एक नए वैचारिक एवं संगठन के सूत्र में अभिव्यक्त किया, जिसे उन्होंने राष्ट्रीय स्वयंसेवक संघ का नाम दिया।

आद्य शंकराचार्य के समान उनके द्वारा अल्प जीवन में किया गया कार्य राष्ट्रीय पुनर्जागरण के पर्याय के रुप में प्रतिष्ठित हुआ है। यही कारण है कि उनकी मृत्यु के बाद विचारों एवं कार्यों की महत्ता एवं सार्थकता, भारतीय सामाजिक सांस्कृतिक जीवन में एक वैकल्पिक अधिष्ठान बनकर उत्तरोतर प्रभावकारी सिद्ध हो रही है। अपने जीवन की यही श्रेष्ठता वैचारिक पवित्रता और राष्ट्र समर्पण की भावना उन्होंने राष्ट्र को अर्पित कर दी। वह राष्ट्रीय चेतना स्वच्छ, निर्मल सार्वजनिक जीवन, देशभक्ति और लोक संग्रह जैसे गुणों के मापदण्ड

बन गए, उनकी मृत्यु ने उन्हें नश्वर शरीर से अलग कर दिया, परन्तु उनके विचार मूर्त होकर संघ शक्ति के रुप में समाज एवं राष्ट्र जीवन के अभिन्न अंग हो गए हैं।

कितना अपूर्व सांस्कृतिक संचय अपने साथ लेकर डा॰ हेडगेवार ने इस अवनीतल पर जन्म लिया। ऐसे निर्मल प्रेममय और चारित्र्य सम्पन्न व्यक्ति वे स्वयं थे और विचारों की व्यापकता सम्पूर्ण हिन्दू समाज की भवितव्यता को अपने आलिंगन में लेने वाली थी और उनकी अनुभूति का क्षितिज सम्पूर्ण हिन्दुस्तान की नियति को वेध लेने में तत्पर था। यह व्यापकता उन्हें असामान्यत्व की ओर ले जाती है। उनके जीवन कार्य की विशेषता यह है कि निस्वार्थ और चारित्र्य सम्पन्न व्यक्तियों का समूह उन्होंने खड़ा किया। संघ के माध्यम से उन्हें एक सूत्र में बांधा और उनमें एक सुव्यवस्थित अनुशासन निर्माण किया। उन्होंने अपने सामने जो ध्येय रखा था, उसे एक व्यापक सांस्कृतिक अधिष्ठान प्राप्त है।

देशभक्ति की वृत्ति, त्याग करने की सिद्धता और परस्पर के लिए प्रेम की भावना ये बातें जिनके रक्त में रिस गई हैं, ऐसे– परस्पर में सहकारपूर्वक आचरण करने वाले, अनुशासनबद्ध स्वयंसेवकों का संगठन उन्हें खड़ा करना था। इसे राष्ट्र निर्माण का कार्य कहा जा सकता है। मनुष्य निर्माण करने का, कार्यकर्ता निर्माण करने का और उनके स्थान पर अनुशासन, चरित्र और अखिल भारतीय दृष्टिकोण निर्माण करने का यह कार्य था। यह कार्य समाप्त होने जैसा नहीं है। प्रत्येक नई पीढ़ी पर संस्कार होना आवश्यक है। इस दृष्टि से संघ का कार्य एक सतत् चलते रहने वाला कार्य है।

डा॰ हेडगेवार भारतीय संस्कृति के परम उपासक थे। वे कर्मठ, सत्यनिष्ठ और राष्ट्रवादी होने के साथ–साथ एक स्वतंत्र चेता भी थे। उन्होंने हिन्दुओं में नई चेतना जागृत करने का उल्लेखनीय कार्य करते हुए राष्ट्रीय स्वयसेवक संघ की स्थापना की।

राष्ट्रीय स्वयंसेवक संघ एक वैचारिक आन्दोलन है। जिसका लक्ष्य सम्पूर्ण राष्ट्र को उद्‌देश्यपूर्ण मूल्याधारित एवं वैभव सम्पन्न बनाने के लिए संगठित करना है। उन्होंने संघ के कार्य को राजसत्ता अधिकोश अथवा हिन्दू बहुमत या राष्ट्र के किसी एक आयाम तक सीमित नहीं किया। प्रत्युत सम्पूर्ण राष्ट्र, सम्पूर्ण समाज और राष्ट्र के सर्वांगीण विकास को उसका कार्य क्षेत्र बना दिया। उन्होंने संघ और हिन्दू राष्ट्र के बीच पूर्णएकरुपता का आदर्श निर्धारित किया और संगठन के आदर्श को राष्ट्र के भूत, वर्तमान एवं भविष्य की यात्रा के साथ जोड़ दिया। उद्‌देश्य के शर्त से संघ के संगठन कार्य में विराम नहीं लगना चाहिए। संगठन यात्रा को समाज और राष्ट्र के जीवन से जोड़कर उन्होंने संघ कार्य को जीवन का एक मात्र कार्य बनाने का आग्रह किया था।

डा० हेडगेवार ने हिन्दू संगठन के कार्य को विशेषणों से अलंकृत किया था। पहला संघ कार्य ईश्वरीय कार्य है और दूसरा यह राष्ट्रीय कार्य है। अर्थात प्रथम संघ की संगठनात्मक गतिविधियों का लक्ष्य राष्ट्र की सबलता है और इसकी प्रतिबद्धत्ता आध्यात्मिक चेतना एवं क्रियाशीलता के समान है। द्वितीय उनके द्वारा हिन्दू संगठन की यह सांकेतिक व्याख्या पूर्व के हिन्दू संगठन–कर्ताओं के दृष्टिकोण से आधारभूत भिन्नता रखती है। हिन्दू संगठन के कार्य को राष्ट्रीय जागरण का कार्य समझना संघ का अधिष्ठान था और मनुष्यों को संस्कारित करना, उनमें समष्टि का भाव जगाना और राष्ट्रीय चरित्र का निर्माण करना एक आध्यात्मिक कार्य है। उनके विचारों में भिन्नता तो हो सकती हैं, परन्तु उनके त्याग करने की क्षमता, अविचल दृढ़ निश्चय और दुर्लभ संगठन कौशल जैसे गुणों की प्रशंसा करने से हम बच नहीं सकते। उन्होंने अपना समस्त जीवन समाज के लिए समर्पित कर दिया।

संघ का कार्यक्रम ठीक ढंग से करने या प्रतिदिन नियमित रुप से संघ स्थान पर उपस्थित रहने से ही संघ का कार्य पूरा नहीं हो

सकता। हमें तो आसेतु हिमालय पर्यंत फैले हुए इस विराट हिन्दू समाज को संगठित करना है। सच्चा महत्वपूर्ण कार्य क्षेत्र तो संघ से बाहर बसने वाला हिन्दू जगत ही है। संघ केवल स्वयंसेवकों के लिए नहीं। संघ के बाहर जो लोग हैं, उनके लिए हमारा यह कर्त्तव्य हो जाता है कि उन लोगों को हम राष्ट्र की उन्नति का सच्चा मार्ग बतायें और यह मार्ग केवल संगठन का है।

संघ कार्य करते हुए वे अपने शरीर को तिल–तिल कर जलाते रहे और संघ कार्य की गति में रुकावट न आये इसलिए वे अपने शारीरिक कष्ट को सदैव छिपाते रहे। कर्मपथ पर प्रतिबद्धत्ता के साथ अग्रसर सन्यासी के समान जीते हुए उन्होंने कभी भी अपने दीर्घायु होने की कामना नहीं की और न ही कभी वे अपने स्वास्थ्य को लेकर चिंतित हुए। उनके लिए तो राष्ट्र का स्वास्थ्य एवं संगठन का दीर्घायु होना ये दो प्रश्न ही महत्व के थे। महानता शारीरिक शक्ति में न होकर नैतिक शक्ति में होती है और उनके पास नैतिक शक्ति का भण्डार था। उनका निस्वार्थ जीवन अद्वितीय है। उन्होंने अपने लिए कोई घर नहीं बनाया। सम्पूर्ण राष्ट्र ही उनका घर था। वे प्रचार एवं प्रसिद्धि से सदैव दूर रहते थे।

उनके अपने जीवन की अल्पावधि में सिद्धांत, संगठन और आदर्शवाद तीनों का वाहक उनका तन–मन और विवेक था। सिद्धांत और आदर्शवाद में शरीर और आत्मा का संबंध होता है। सिंद्धात आत्मा है, तो आदर्शवाद शरीर है। आदर्शवाद के भीतर रहकर ही सिंद्धात मूर्त रुप में प्रभावी होता है और बिना सैद्धांतिक चेतना के आदर्शवाद, एक व्यक्तिगत जीवन का सीमित साधन बनकर रह जाता है। डा० हेडगेवार का जीवन सैद्धांतिक चेतना और आदर्शवादी मूल्यों पर आधारित था। यही एक कारण कि बाहर से देखने पर उनका सिद्धांत एवं कार्य समकालीन संगठनों एवं हिन्दुत्व के प्रणेताओं के समान ही प्रतीत होता है। परन्तु उनकी दृष्टि राष्ट्र की सांस्कृतिक

पहिचान को पुनः स्थापित करने की थी। इसी को उन्होंने हिन्दू राष्ट्र की ऐतिहासिक एवं सांस्कृतिक शब्दावली को स्थायी एवं चिरंतन भाव प्रदान करना था।

उनका सामान्य व्यक्ति का सा सहवास हरेक स्वयंसेवक के मन में प्रेरणा निर्माण कर जाता था। उनका बोलना केवल संघ के ही संबंध में हुआ करता था। हिन्दू समाज संगठित कर उसे समर्थ बनाना है। इसके लिए संघ का कार्य बढ़ाना है। निस्वार्थ वृत्ति और समर्पणशीलता आत्मसात करनी है। अनुशासनबद्ध व्यवहार और जीवन का विशुद्ध चारित्र्य इनमें ही अपना बल समाया हुआ है। किसी पर भी आघात करने के लिए संघ का कार्य नहीं है। इतना ही नहीं तो किसी के विरोध में भी नहीं है। संघ का ध्येय और कार्य शत–प्रतिशत विधायक स्वरुप का है। सबके प्रति प्रेम यह उसका सच्चा आधार है और ध्येय सिद्धि के लिए शांत चित्त से अपनी राह पर चलते रहने की आवश्यकता है।

देव स्वरूप डा॰ हेडगेवार के कष्टपूर्ण, परिश्रमी एवं कर्मठ जीवन से सर्वसाधारण व्यक्ति को एक आशादायी संदेश मिलता है। दरिद्रता, प्रसिद्धि विहीनता, बड़ों की उदासीनता, परिस्थिति की प्रतिकूलता, पग–पग पर बाधायें, विरोध, उपेक्षा, उपहास, प्रशंसा आदि के कटु अनुभवों के साथ–साथ स्वीकृत कार्य की पूर्ति के लिए आवश्यक साधनों का अत्यंत अभाव आदि कितनी ही कठिनाइयां मार्ग में आयें तो भी अपने कार्य के साथ तन्मय होकर *"मुक्त संगोऽनहंवादी"* इस वृत्ति से सुख–दुख मानापमान, यशापयश आदि किसी की भी चिंता न करते हुए यदि कोई प्रयत्नरत रहेगा, तो अवश्य ही सफलता मिलेगी। *"क्रियासिद्धि सत्वे भवति महतां नोपकरणे"* जो यह सुभाषित दिया है, वह उनके ऊपर पूरी तरह घटता है। उनका सम्पूर्ण जीवन ही इस उक्ति का मूर्तिमंत उदाहरण था। अपने घर के काम–काज में हताश होकर हाथ–पांव छोड़ देने वालों को किसी भी सामाजिक कार्य को

करते समय बाधाओं से घबराकर निराशा से कार्य विमुख होने वालों को इस पवित्र जीवन से आशा का संदेश प्राप्त होकर सदैव ही कार्यरत रहने की प्रेरणा मिल सकेगी। ऐसा उनका पवित्र जीवन कार्य चिर एवं अविस्मरणीय रहेगा।

सिंहावलोकन

वैज्ञानिक कसौटी पर भारतीय विकासयात्रा को कम नहीं आंका जा सकता। जो आज विज्ञान के ऊँचे शिखर पर चढ़कर डींगें हांकते थकते नहीं हैं, उनकी तुलना तो भारतीय विज्ञान की दृष्टि में बहुत बौनी है। भारतीय ज्ञान–विज्ञान अतुलनीय है, अनुपमेय है, बेजोड़ है, जिसका संसार के पास कोई आंकलन तक नहीं है। आज हम जिस विकासयात्रा की सर्वत्र चर्चा सुनते या कर रहे हैं वह तो एक दृष्टि दोष भर है। यह दृष्टि–दोष उथले ज्ञान का दंभ मात्र है। डार्विन ने जिस विकासयात्रा की शुरूआत जल में स्थित अमीबा से की थी, यह एक दूरदृष्टि दोष है कि उसे अमीबा ही क्यों दिखा? उसमें ईश्वर का रूप क्यों नहीं दिखा? जबकि भारतीय वैज्ञानिकों ने भी वही देखा पर दूरदृष्टा के कारण भगवान मत्स्य को डूबते को तिनके के सहारे के रूप में देखा, एक सामाजिक क्रांति के रूप में देखा, उसी प्रकार भगवान कूर्म को मंथन के आधार के रूप में, देव दानवों के मध्य निर्णय के रूप में देखा। भगवान वराह को धरती के समस्त प्राणिमात्र के उद्धार के रूप में देखा। भगवान नरसिंह को नवजागरण के रूप में, नवचैतन्य के रूप में, निष्प्राण के भी प्राण है, इस उक्ति के साकार के रूप में देखा। भगवान वामन को नरजीवन का सबसे पहला, छोटा अपितु महाकाय प्रयास के रूप में देखा।

भगवान परशुराम को शस्त्र–शास्त्र से युक्त अधर्म के विरुद्ध धर्म योद्धा के रूप में देखा, भगवान श्रीराम को सबमें ईश्वर का अंश समान है, सबमें एक ही सत्य विद्यमान है।

समता, ममतारूपी करुणामूर्ति अपितु अकेले नहीं, संगठित प्रयास ही विजय का प्रतीक है, इस रूप में देखा। भगवान श्रीकृष्ण को पूर्ण महामानव अर्थात जब सब साथ छोड़ दें तब स्वयं अकेले ही आगे बढ़कर अधर्म का अन्त कर पंचमहाभूतों के प्रतीक रूप पाण्डवों का सानिध्य धर्म स्थापना के रूप में देखा, महात्मा बुद्ध को क्रांति के पश्चात पूर्ण शान्ति के पुजारी, अहिंसा के संदेशवाहक के रूप में देखा। अंततः जड़ता से चिरशांति, पशु से नारायणत्व की यात्रा का वृत्तांत जीवन्त प्रस्तुत किया। जगद्गुरु शंकराचार्य को भटकी वैदिक परम्परा की प्राणप्रतिष्ठा के रूप में देखा, आचार्य चाणक्य को प्रदेशवाद से ऊपर उठकर एक राष्ट्रभाव के रूप में देखा, साथ ही डॉ. हेडगेवार को संगठन ही राष्ट्र की प्राणशक्ति होती है, और मूल्यों के खातिर कुछ भी कीमत चुकाने के रूप में देखा।

ऐसी भारतीय विकासयात्रा की अवधारणा आज के चर्मचक्षुओं की उपलब्धि नहीं, अपितु ज्ञान चक्षुओं अर्थात् दिव्यचक्षुओं से जांची परखी शाश्वत, सनातन सत्यप्रेरित अमिट धारणा हैं। जब दुनिया ने आंखें तक नहीं खोली थी, तब भारतीय मेधा ने विज्ञान के उन्नत सोपानों का रसास्वादन कर लिया था। नश्वरता में अमरता का अर्थ ढूंढ़ लिया था। अंधकार में प्रकाश का सानिध्य पा लिया था। अज्ञान में ज्ञान की पतवार थाम ली थी। यन्त्र को मंत्र में बदलने का सामर्थ्य अर्जित कर लिया था। जो संकेत मात्र से आज्ञापालन करने के लिए सेवक के रूप में सदैव तत्पर रहता था। आज से करोड़ों वर्ष पूर्व भारतीय मनीषियों ने उस सत्य का साक्षात्कार कर लिया था, जिसका आज के वैज्ञानिक कल्पना या स्वप्न भी नहीं देख सकते हैं। जिन गुत्थियों को करोडों वर्ष पूर्व भारत ने सुलझाया था, उनका छोर तक ढूँढ़ना आज के लिए संभव नहीं है। कैसा था हमारा दर्शन, चिंतन, अन्वेषण जो आज तक दिशादर्शन करा रहा है और सम्पूर्ण मानवता को धर्माचरण के माध्यम से सत्य पथ पर चलने की प्रेरणा दे रहा है। वन्दनीय है, अभिनन्दनीय, आचरणीय, अनुकरणीय है जिसका स्पर्श तो क्या दर्शन ही पर्याप्त है।

दर्शन की भी छोड़ो, स्मरण ही मोक्ष का साधन बन जाता है। निष्कंटक माध्यम बन जाता है।

ऐसी हमारी विकासयात्रा की अवधारणा जो ईश्वर रूपी जीवन से प्रारंभ होकर ईश्वर रूपी जीवन में ही पूर्ण विलीन होने की है यथा–

पूर्णमदः पूर्णमिदं पूर्णात् पूर्णमुदच्चयते।
पूर्णस्य पूर्णमादाय पूर्णमेवावशिष्यते।।
ॐ शान्तिः शान्तिः शान्तिः।।

जिसका उल्लेख हमारे मनीषियों ने बड़े वैज्ञानिक ढंग से अन्वेषित कर समाज के सामने किया था। जो सर्ववन्दनीय बना और मानवता के हाथों की पतवार बनकर भवसागर से नाव को पार लगाने का साधन बना।

हमें इसी सत्य को समझकर आगे आने वाली पीढ़ी के लिए भगीरथ प्रयास करना होगा। जिससे हम अतृप्तजनों को मुक्ति दिलाकर एवं पंचऋणों से मुक्ति पाकर, आवागमन के बंधनों से छुटकारा पा सकें। प्रभु हम सभी की इस कृति के माध्यम से मनोरथ पूर्ण हो, यही श्रीचरणों में विनती के साथ वाणी को अल्पविराम की प्रार्थना करता हूँ।